PRÉ-CONCLURE

EN MARKETING RELATIONNEL

Obtenir un « Oui »
Avant la Présentation

KEITH ET TOM « BIG AL » SCHREITER

Pré-Conclure en Marketing Relationnel

Publié par Fortune Network Publishing
PO Box 890084
Houston, TX 77289 USA

Telephone : +1 (281) 280-9800

BigAlBooks.com

ISBN-13 : 978-1-948197-55-7

TABLE DES MATIÈRES

BIG AL
WORKSHOPS

Ce livre est dédié aux gens de marketing
de réseau de partout.

Je voyage de par le monde plus de 240 jours chaque année.
Laissez-moi savoir si vous souhaitez que tienne une
formation (Big Al Training) dans votre secteur.

→ **BigAlSeminars.com** ←

Tous les livres de
Tom « Big Al » Schreiter
sont disponibles à :

BigAlBooks.com/french

PRÉFACE

Ça devrait être l'évidence même, mais ça ne l'est pas.

Je dînais avec une dame en Roumanie. Elle se plaignait : « Personne ne souhaite joindre mon entreprise dans ma petite ville. Ils disent que c'est une pyramide, qu'ils ne veulent pas être des vendeurs, que c'est trop beau pour être vrai et, qu'ils n'ont pas de temps. Que devrais-je faire ? »

Je lui demandai : « Alors qu'est-ce que tu leur as dit à votre première rencontre ? »

Elle répondit : « J'ai une opportunité d'affaire fantastique. Tu pourrais gagner 25,000$ par mois ! »

Je demandai : « Est-ce que tu as utilisé cette approche avec tout le monde ? Est-ce de cette façon que tu as démarré toutes tes conversations ? »

Sa réponse : « Oui. Chaque fois que je m'adresse à un prospect, je démarre la conversation de cette façon. »

Je n'ai pas pu résister. En affichant mon plus beau sourire, je lui ai dit : « Alors, laisse-moi résumer. Tu as dit à chaque prospect : ‹ J'ai une opportunité d'affaire fantastique. Tu pourrais gagner 25,000$ par mois ! › Et les prospects ont répondu qu'ils n'étaient pas intéressés, c'est ça ? Alors pourquoi ne dis-tu pas… autre chose ? »

Oui, ça devrait être l'évidence même.

Nos prospects réagissent à ce que nous disons et à ce que nous faisons.

Vous n'aimez pas leurs réactions ? Vous n'avez qu'à dire quelque chose de différent.

Par exemple, la dame de Roumanie pourrait changer ses premiers mots pour quelque chose comme :

- « Tout coûte cher maintenant. »
- « On aimerait tous congédier notre patron. »
- « On a tous besoin d'un peu d'argent supplémentaire. »
- « On ne veut pas travailler fort pour le reste de notre vie. »
- « Travailler de la maison serait bien plus simple que de faire la navette au travail. »

Croyez-vous que ses prospects réagiraient plus positivement à ces approches ? Bien entendu.

Changer les mots qu'on utilise pour démarrer une conversation nous permet d'obtenir une réaction différente de nos prospects.

Alors, si nos prospects sont négatifs, nous pourrons corriger le tir en changeant ce qu'on dit et ce qu'on fait.

Mais voilà le problème. On ne sait pas quoi dire et quoi faire pour améliorer nos résultats.

C'est la mission de ce livre.

PRÉ-CONCLURE ?

Voyez l'art de pré-conclure comme une série de mots ou de phrases qu'on insère au début d'une conversation avec un prospect. C'est donc une étape qui précède le début de notre présentation officielle. Ces mots doivent mettre nos prospects dans l'état d'esprit suivant : « Oui, je le veux ! »

En concluant dès le départ, la fin de notre présentation semble plus naturelle. Inutile de mettre la pression, de supplier, ou de mettre notre prospect au pied du mur. Pré-conclure rend la fin de notre présentation plus simple et plus agréable pour nous, et surtout, pour nos prospects.

Pourquoi pré-conclure ?

Parce que nos prospects se font rapidement une idée. Une des premières décisions que prendront nos prospects sera :

« Est-ce que je devrais croire ce que tu dis ? Ou est-ce que je devrais m'opposer et rejeter tout ce que tu dis ? »

C'est ce qui se joue dès le départ.

Voici la réalité. On dit à nos prospects : « Viens assister avec moi à cette présentation d'affaire. » Nos prospects se souviennent alors de la dernière fois où ils ont entendu cette phrase et se disent : « Ah non ! La dernière fois qu'on m'a invité de la sorte, c'était chez un ami et un inconnu nous a assommés avec une présentation de trois heures. Ensuite, on m'a forcé à acheter un article à quatre fois le prix dont je n'avais absolument pas besoin.

Nos prospects nous disent « non » en s'appuyant sur des expériences passées.

Pré-conclure est donc une excellente idée. On cherche à créer des prospects avec un esprit ouvert qui seront attentifs à notre proposition. On désire donc que nos prospects mettent en veilleuse leur alarme anti-vendeurs et qu'ils ouvrent grandes leurs oreilles.

Le leader en marketing relationnel Wes Linden dit : « Notre travail n'est pas de fermer (clore) la vente, mais plutôt d'ouvrir les gens. »

Et la vente ne sera peut-être pas immédiate. Patricia Fripp le résume bien : « Pour développer une entreprise à succès durable, lorsque vous ne fermez pas une vente, ouvrez une relation. »

Nos prospects prendront des décisions avant, pendant et après notre présentation.

Conclure ne se déroule pas à un seul moment précis à la fin de notre présentation. Comme nous allons le voir sous peu, la plupart des décisions sont prises avant le début de notre présentation !

Concentrez-vous sur ceci : « Pré-conclure. Obtenir un « oui » avant la présentation. Obtenir l'accord des prospects tout au long de la présentation et un engagement à acheter votre produit ou service ou, joindre l'entreprise à la fin de votre présentation. »

Conclure est le nerf de la guerre. Notre travail est d'amener les prospects à prendre des décisions. Jetons donc un œil à quelques options pour amener nos prospects à :

1. Dire « oui » sur le champ.

2. Décider de nous écouter avec un esprit ouvert.

3. Croire aux bonnes choses qu'on leur dit.

4. Désactiver leurs alarmes anti-vente, etc.

Vous voulez un avant goût ? Voici quelques exemples de questions amusantes qui permettent de pré-clore les prospects.

Afin de simplifier les choses, les exemples qui suivent porteront sur le volet opportunité d'affaire. Chaque exemple peut être modifié pour représenter nos produits ou nos services.

* **« Est-ce que ça t'irait si je te partageais quelques informations sur notre entreprise, tout en te donnant quelques idées sur les façons dont tu pourrais dépenser ce revenu supplémentaire ? »**

Cette courte question amène les gens à imaginer de quelle façon ils pourraient utiliser ce revenu excédentaire. Elle place donc notre prospect dans un état d'esprit positif pendant qu'on lui décrit notre entreprise.

Pensez-y. Est-ce qu'on préfère des prospects positifs ou négatifs lorsqu'on présente notre entreprise ? Positifs évidemment.

Cette question, glissée dans notre conversation, met autre chose en place. Afin d'imaginer comment il dépensera ce nouvel argent, le subconscient de notre prospect prend d'emblée la décision de joindre notre entreprise. Si ça n'était pas le cas, en rêver n'aurait aucun sens. Alors pour l'instant, notre prospect est déjà vendu à l'idée que notre entreprise lui serait bénéfique aussi.

* **« Tu aimerais savoir comment j'arrive à mettre un tas d'argent de coté ? »**

Tout le monde aimerait savoir comment. Nous pourrions alors décrire comment nous avons mis de coté ou investi nos chèques de commissions mensuelles au fil du temps. Notre explication peut se limiter à quelques phrases seulement. Mais, encore une fois, nos prospects se sentent bien devant cette proposition attrayante. Ils y voient une lueur d'espoir.

* **« Occuper cet emploi jusqu'à la fin sans rien changer est un plan. Mais je sens que ça n'est pas le bon plan pour moi. Ça l'est pour toi ? »**

Cette question est un peu plus délicate, mais elle pourrait être appropriée pour des prospects avec qui nous avons une bonne relation. Nos prospects sont souvent prisonniers de la routine. Cette question pourrait être l'électrochoc qui les amène à se questionner sur leurs plans de vie.

Il n'y a rien qui puisse provoquer un désaccord dans cette phrase. On souligne tout simplement que le fait d'occuper le même emploi toute une vie est « une » option. Et non pas la seule option. Qui pourrait désapprouver cette phrase ?

* « **Pourquoi penses-tu qu'un revenu supplémentaire pourrait être une bonne idée ?** »

Quand nos prospects répondent à cette question, ils se vendent eux-mêmes l'idée. Et qui est le vendeur le plus redoutable pour nos prospects ? Eux-mêmes. Ils iront même jusqu'à penser que s'agit de **leur** idée. Ils vont se convaincre de dire « oui » à un revenu supplémentaire.

* « **Alors, tu crois que maintenir ton plan actuel, l'emploi que tu occupes, règlera tous tes soucis ?** »

Naturellement, pour la plupart des prospects, le plan actuel ne fonctionne pas. Si leurs plans fonctionnaient, ils ne s'intéressaient pas à ce qu'on dit. Les prospects répondent généralement : « En effet, mon plan actuel ne fonctionne pas. » Et ils ouvrent alors leurs esprits pour chercher une nouvelle solution. Nous devrions être cette solution.

* « **Qui se soucie selon toi de ce qu'il y aura dans notre compte épargne dans dix ans ?** »

Lancez cette phrase et attendez. Ne brisez pas le silence. Il faut un peu de temps pour que nos prospects réalisent à quel point peu de gens se soucient de leurs épargnes. Cette approche aide nos prospects à surmonter l'objection « J'ai peur de ce que les gens penseront de moi… » qui leur trotte trop souvent dans la tête.

* « **Combien de temps recevras-tu ton salaire une fois que tu auras quitté ton emploi ? Est-ce que ton employeur récoltera toujours le fruit de tes efforts après ton départ ?** »

Le revenu résiduel est difficile à saisir pour la plupart des prospects. C'est un concept doux à l'oreille mais pour lequel ils n'ont aucun point de référence. Nos prospects sont plutôt familiers avec : « Lorsque je cesse de travailler, mon salaire s'arrête aussi ! »

Avec cette approche, nous pouvons aider nos prospects à voir les choses d'une toute autre perspective. On veut qu'ils se disent : « Oui, j'aimerais bien faire le travail une fois et être payé encore et encore. » C'est une autre question qui met en place le bon état d'esprit chez nos prospects avant de démarrer une présentation.

Ces courtes phrases insérées au début de notre conversation sont amusantes. Pré-conclure est une stratégie puissante. Pré-conclure règle aussi d'autres problèmes dont celui qui suit.

Aviser nos prospects qu'il est permis de dire « non » à notre offre.

Les membres de notre équipe éprouvent peut-être des difficultés face aux prospects qui répondent : « Je dois y réfléchir. » Quel serait le meilleur moment pour prévenir et éliminer cette objection ? Au tout début de notre présentation. On peut engeigner à nos équipes comment pré-conclure avant de décrire nos produits, services ou opportunités d'affaires. Par exemple, On pourrait dire :

« Je vais te présenter notre entreprise et tu décideras par la suite. Lorsque j'aurai terminé ma présentation, tu pourras décider de ne pas participer et conserver ta vie actuelle. Ou encore, tu pourras décider de démarrer maintenant et, de lancer le compte à rebours pour congédier ton patron. Ça te va ? »

Comment vont répondre spontanément nos prospects à cette offre ? « OK. »

Ça permet de détendre les prospects, mais aussi de leur laisser savoir qu'ils devront prendre une décision lorsque nous aurons terminé. Et que la réponse « Je dois y réfléchir » est en réalité un « non. » Nos prospects le savent maintenant.

Mais encore mieux. Grâce à cette entrée en matières, nos prospects ne sentent aucune pression. On leur a accordé la permission de rejeter notre proposition. Les prospects peuvent maintenant se concentrer sur le contenu de notre présentation et en quoi notre offre pourrait leur être utile.

Qu'arrive-il si on ne détend pas d'abord nos prospects avec ce type d'approche ?

Nos prospects seront en quête d'objections. Pourquoi ? Parce que nos prospects sentent qu'ils auront peut-être besoin d'objections pour justifier un « non. » Ils vont se préparer pour le combat final à la fin de la présentation.

Vous aimeriez une autre formule simple pour balayer l'objection « Je dois y réfléchir... » ?

Les prospects détestent prendre des décisions. Ils ont peur de prendre la mauvaise décision. Alors que font-ils ?

Ils prétendent avoir besoin d'y réfléchir pour retarder la prise de décision.

Tout ce que nous devons faire pour l'éviter, c'est de dire aux prospects :

« Tu peux prendre la décision de démarrer aujourd'hui, ou tu peux prendre la décision de ne pas démarrer aujourd'hui et ne rien changer à ta vie. »

Cette phrase aide les prospects à réaliser qu'il y a toujours une décision à prendre. Retarder sa décision est simplement une autre façon de répondre « non » à une proposition.

On peut amplifier l'impact de cette prise de conscience en rappelant à nos prospects leurs problèmes. Par exemple, on pourrait ajouter :

« Être malheureux jours après jours dans un emploi qu'on déteste est irritant. Tout spécialement si on procrastine pendant des mois et des années avant de prendre la décision de changer les choses. »

Pré-conclure permet de boucler la vente facilement.

Il existe plusieurs façons de pré-clore nos prospects. Il y aura toujours au moins une de ces façons qu'on aimera tout particulièrement. On n'a pas à utiliser toutes les techniques qui seront présentées dans ce livre, mais on devra en utiliser quelques unes.

Pourquoi ? Parce qu'elles fonctionnent.

On peut développer nos entreprises de marketing relationnel plus rapidement en utilisant cette compétence lorsqu'on approche nos prospects.

« RÉGLONS ÇA TOUT DE SUITE. »

Voyons maintenant une autre formule pour pré-conclure.

Vous êtes un brin timide ? Ou vous détestez être insistant ?

Essayez cette phrase toute simple : « Réglons ça tout de suite. »

Supposons qu'on représente un service d'électricité. Voici une façon de pré-conclure tôt dans la conversation avec nos prospects, avant de débuter la présentation.

Distributeur : « Est-ce que tu reçois une facture d'électricité ? »

Prospect : « Oui. »

Distributeur : « Est-ce que tu aimerais réduire cette facture ? »

Prospects : « Bien sur que oui. »

Distributeur : « OK. On va s'asseoir et régler ça tout de suite. »

Terminé.

Cette conversation est allée droit au but… sans perte de temps.

La plupart des gens adorent prendre leurs décisions « oui » ou « non » rapidement. Ils préfèrent utiliser la puissance précieuse mais limitée de leurs cerveaux à d'autres tâches. Ils veulent qu'on aille droit au but afin qu'ils puissent prendre une décision immédiate.

Vous voulez d'autres exemples ?

Distributeur : « Tu aimerais perdre dix livres dans les prochaines semaines ? »

Prospect : « Oui. »

Distributeur : « Est-ce que ça t'irait s'il suffisant de changer ce que tu manges au petit déjeuner pour y arriver ? »

Prospect : « Bien sur. »

Distributeur : « OK. Viens t'asseoir, on va régler ça tout de suite. »

***

Distributeur : « Tu en as assez de faire la navette pour un travail que tu détestes ? »

Prospect : « Oui. »

Distributeur : « Est-ce que ça te conviendrait de démarrer ton entreprise maintenant afin de pouvoir travailler de la maison dans un an ? »

Prospect : « Certainement. »

Distributeur : « OK. Viens t'asseoir, on va régler ça tout de suite. »

***

Distributeur : « Tu trouves difficile de vivre avec un seul chèque de paie ? »

Prospect : « Oui. »

Distributeur : « Que dirais-tu de démarrer ensemble ta propre entreprise maintenant, et de recevoir dans 60 jours deux chèques de paie plutôt qu'un ? »

Prospect : « J'adore l'idée ! »

Distributeur : « OK, asseyons-nous et réglons ça maintenant. »

***

Distributeur : « Désires-tu occuper cet emploi que tu détestes pour toujours ? »

Prospect : « Non. »

Distributeur : « Est-ce que ça t'irait si je t'aidais à enregistrer ton entreprise ce soir pour que tu puisses démarrer ta formation ce weekend ? »

Prospect : « Oui ! »

Distributeur : « OK. Viens t'asseoir avec moi et règle ça maintenant. »

***

Distributeur : « Tu préfèrerais que ta peau cesse de rider durant ton sommeil ? »

Prospect : « Bien sur que oui. »

Distributeur : « Est-ce que je peux te proposer d'essayer notre crème de nuit exceptionnelle pour 30 jours afin que tu puisses voir quel impact elle aurait sur toi ? »

Prospect : « Bien entendu. »

Distributeur : « OK. Viens t'asseoir et on règle ça tout de suite. »

***

Distributeur : « Tu trouves difficile de couvrir toutes tes dépenses avec un seul revenu ? »

Prospect : « En effet, oui. »

Distributeur : « Est-ce que ça te brancherait de dîner ensembles avec un ami à moi, histoire de voir comment tu pourrais aussi recevoir un deuxième chèque ? »

Prospect : « Pourquoi pas ! »

Distributeur : « OK. Ouvre ton agenda, je l'appelle et on règle ça tout de suite. »

***

Distributeur : « Tu aimerais être ton propre patron plutôt que de devoir subir l'horaire de travail de quelqu'un d'autre ? »

Prospect : « Oui. »

Distributeur : « Qu'est-ce que tu dirais de te joindre à moi pour démarrer une entreprise à temps partiel ? Ce serait fantastique de travailler ensembles. »

Prospect : « Certainement ! »

Distributeur : « OK. Prend une chaise, on règle ça tout de suite. »

Est-ce que toutes les conversations sont aussi simples ? Non. Mais plusieurs le sont. La majorité des prospects désirent prendre une décision rapidement et continuer à vivre leurs vies. Donnons-leur cette option.

Mais que se passe-t-il s'ils désirent plus d'information ? Excellent ! Cela signifie qu'ils ont déjà fait un choix intérieurement : « Oui. » Pensez-y. Si leur réponse était « non, » ils ne nous demanderaient certainement pas de l'information supplémentaire pour se torturer davantage.

« Réglons ça tout de suite » est-elle la seule phrase qu'on peut utiliser ?

Mais non. Voici d'autres exemples qui vous fourniront des formules légèrement différentes.

***

Distributeur : « Tu as l'électricité à la maison ? »

Prospect : « Oui, bien sur. »

Distributeur : « Ça te dirait de recevoir une facture plus petite ? »

Prospect : « Ce serait fantastique. »

Distributeur : « Laisse-moi arranger ça pour toi maintenant. »

***

Distributeur : « Tu sais combien vieillir est plutôt douloureux ? »

Prospect : « Je le remarque quotidiennement. »

Distributeur : « Ça te dirait de rajeunir en buvant ce mélange chaque matin ? »

Prospect : « Si c'est tout ce qu'il faut, je suis preneur ! »

Distributeur : « Laisse-moi te commander quelques bouteilles tout de suite. »

***

Distributeur : « Attendre le train sous une pluie glaciale est très désagréable. »

Prospect : « Je suis tout à fait d'accord avec toi. »

Distributeur : « On devrait faire un plan pour quitter nos emplois. »

Prospect : « J'adore l'idée, mais par quoi commencer. »

Distributeur : « Je suggère un café avec mon mentor samedi. Il a quelques idées. »

***

La magie de pré-conclure.

Posez cette question à n'importe-quel prospect : « Tu préfères la présentation longue ou la présentation courte ? »

Réponse ? « S'il-te-plaît, donne-moi la présentation courte...
tout de suite. »

Il suffit de quelques phrases pour que le prospect décide de se
joindre à vous ou pas. Il en va de même pour les clients. Ils savent
tout de suite si votre offre les intéresse ou pas.

On s'en tient aux grandes lignes de notre proposition et tout
le monde est heureux. En simplifiant notre offre, on simplifie la
décision pour nos prospects.

NOUS MÉTIER : « CONCLURE DES VENTES. »

Quelle est notre description de tâche à titre de réseauteurs ?

Amener les prospects à prendre la décision d'acheter nos produits et services, ou de joindre à nos entreprises. C'est tout.

Nous ne sommes pas dans le domaine de l'éducation. Nos compagnies ne nous paient pas pour éduquer les gens qui n'achètent pas ou ne joignent pas l'entreprise.

Nous ne sommes pas non plus dans l'industrie de la présentation. On ne nous verse pas de commissions sur les prospects qui n'achètent pas ou ne joignent pas l'entreprise.

Nous ne sommes pas payés pour dresser des listes de prospects, pour faire des appels afin de générer des rendez-vous, pour diriger des étrangers vers des vidéos, faire écouter des fichiers audio à la parenté, partager et prendre soin des gens, lire des brochures à des prospects blasés comme s'ils étaient aveugles, ou encore, pour distribuer des échantillons sans relâche jusqu'à déclarer faillite.

La seule chose pour laquelle nous sommes payés est… d'obtenir un « oui » de nos prospects.

Tant qu'on n'accepte pas cette réalité, on perd d'innombrables heures dans des activités qui ne génèrent pas de « oui. »

OK, ça me semble logique.

Si on arrive à obtenir un « oui » de notre prospect, nous sommes payés. Ça résume bien notre carrière.

Mais la question cruciale qu'on devrait se poser est : « Comment les prospects prennent-ils leurs décisions ? » La réponse à cette question pourrait bien être la découverte la plus fascinante de notre carrière.

Commençons.

#1. Pourquoi les gens détestent-ils vendre ?

Parce qu'ils imaginent que la vente se résume à imposer des produits et services aux gens comme dans les années 1960. Ce modèle totalement désuet ressemble à ceci :

Faire des appels à froid. Beaucoup d'appels à froid. Pousser la vente à quiconque accepte d'écouter. Et si on obtient un rendez-vous, bombarder notre prospect avec tout ce que nous connaissons de nos produits ou services. Vendre, vendre, vendre !

Après avoir hypnotisé et fait plier les genoux à nos prospects, on doit fermer la vente. On utilise toutes les techniques et les formules à notre disposition pour mettre un maximum de pression et pousser les prospects à signer ou sortir leur portefeuille. Et s'ils n'achètent pas sur le coup ? Alors on fait un suivi. On harcèle nos prospects jusqu'à ce qu'ils achètent… ou meurent !

Ça vous semble amusant ? Bien sur que non. Personne ne veut vendre de cette façon. Cela dit, plusieurs personnes encore aujourd'hui utilisent toujours ces techniques dépassées. Les prospects n'achètent pas de cette façon de toute façon. En fait, ces vieilles techniques sont totalement déconnectées du processus d'achat réel.

Vous aimeriez qu'on vous vende quelque chose de cette façon ? Vous n'achetez pas de cette façon, n'est-ce pas ?

C'est ce qui explique en bonne partie la peur du téléphone, la peur des prospects, et pourquoi les gens ne joignent pas notre entreprise.

Il existe une nouvelle façon de vendre. Une façon adaptée au processus de décision d'achat de nos prospects. Une fois qu'on l'a maîtrisée, tout devient facile.

Alors posez-vous la question : « Est-ce que je souhaite toujours utiliser les techniques de vente des années 1960 ? Ou s'il serait plus amusant de mettre les prospects dans ma poche et leur vendre naturellement ? »

Voici l'histoire courte.

Les prospects veulent à priori avoir une vue d'ensemble afin de prendre une décision immédiate se basant sur des programmes emmagasinés dans leurs cerveaux. Si la réponse est « oui, » alors, et seulement alors, nous devrions débuter notre présentation.

Oui, durant les 20 premières secondes nous savons, règle générale, si quelque chose nous intéresse ou pas.

Si ça nous semble étrange ou impossible, c'est que nous sommes toujours dans les 1960. C'est mauvais.

Si au contraire ça nous semble raisonnable – le fait que nos prospects prennent en général leurs décisions dans les 20 premières secondes – alors nous sommes en harmonie avec nos prospects. On ne se lancera donc plus dans une présentation avant d'avoir d'abord obtenu un « oui » de nos prospects.

Vous voulez quelques exemples de cette façon plus actuelle et plus humaine de vendre ?

***

Distributeur : « J'aide les familles à recevoir un chèque supplémentaire. Tu aimerais en savoir plus ? »

Prospect : « Oui. Dis-le-moi. » (Oui, j'aimerais avoir un chèque supplémentaire. Donne-moi quelques détails pour renforcer mon « oui. »)

***

Distributeur : « Je montre aux familles comment réduire leurs factures de services, afin qu'elles puissent avoir plus d'argent pour autre chose. Ça vous serait utile ? »

Prospect : « Oui. Comment ça fonctionne ? » (Oui, je suis vendu à l'idée. Donne-moi plus de détails.

***

Distributeur : « J'ai découvert une boisson déjeuné protéinée qui nous permet de perdre du poids, et ne plus jamais le reprendre. C'est quelque chose qui te parle ? »

Prospect : « Oui. Dis-moi de quoi il s'agit. » (Je veux perdre du poids. J'essaierais n'importe-quoi !)

***

Distributeur : « J'aide les commis de magasins à démarrer une nouvelle carrière afin de ne plus devoir travailler les fins de semaines. Ça te plairait ? »

Prospect : « Oui. En quoi ça consiste ? » (Je ne veux peux passer le reste de ma vie ici. Je peux te rejoindre dans la halte-bouffe durant ma pause-café ?)

***

Attends une minute. Y a quelque chose qui cloche !

Ça semble un peu étrange, n'est-ce pas ?

Pourquoi les gens prendraient mentalement la décision « oui » sans avoir entendu un seul détail ? Ça va à l'encontre de toutes nos croyances sur la façon dont les gens prennent leurs décisions.

C'est « ce qu'on ignore » qui nous plonge le doute. Si on continue à fonctionner en utilisant seulement nos connaissances actuelles, nos résultats ne changeront pas. Et puisqu'on souhaite des résultats différents, on doit explorer et découvrir « ce qu'on ne sait pas » pour faire avancer notre carrière.

Devrait-on avoir honte de ne pas connaître l'ABC de notre profession avant de débuter ? Bien sur que non.

La seule honte possible, c'est de joindre les rangs d'une nouvelle profession et de refuser d'acquérir les nouvelles compétences qui s'y rattachent.

#2. Allons voir un film.

Un bon ami vient à la maison et dit : « Allons voir un film. La toute dernière production de Disney débute aujourd'hui. »

Nous quittons pour le cinéma. Après avoir fait la queue durant plusieurs minutes, on achète nos billets hors de prix. Une fois à l'intérieur, notre attention se porte vers le comptoir de friandises « à prix avantageux. » On investi alors dans une chaudière de popcorn avec supplément de beurre, une boisson gazeuse format géant et quelques bonbons afin de survivre pour la durée du film.

Nous prenons place dans nos sièges lorsque l'écran s'anime pour nous balancer des publicités ! Oui. Nous avons payé le prix fort pour nos billets et nos friandises, et on essaie maintenant de nous vendre autre chose avec de la publicité. Après 15 minutes de martelage commercial, nous sommes sur le point de déclencher une émeute. Heureusement, les bandes-annonces des films à venir débutent enfin. Tous semblent palpitants ! Le son puissant des haut-parleurs nous a presque défoncé les tympans mais, nous avons tout de même apprécié l'action sur l'écran.

Finalement, le nouveau film de Disney débute. Pendant plus de 90 minutes, nous sommes transportés dans un monde fantastique. On adore les films.

Lorsque la projection se termine, le générique déroule sur l'écran. On nous montre qui a produit le film, qui l'a dirigé, qui a créé les éclairages, qui a préparé les rafraîchissements pour l'équipe de production, les lieux de tournage, les noms des acteurs principaux et secondaires, l'année de production, la propriété des droits par Disney, et beaucoup plus d'informations que ce qui pourrait nous intéresser.

Maintenant, voici la question.

L'intervalle temporel entre le moment où notre ami se pointe à la maison jusqu'au moment où déroule le générique sur l'écran après le film et bien défini. Ma question :

« À quel moment durant cet intervalle de temps, c'est-à-dire entre l'arrivée de notre ami à la maison et le générique du film, avons-nous pris la décision finale d'aller au cinéma ? »

La réponse et… dès le départ !

Nous avons pris notre décision d'aller voir un film avant d'acheter nos billets, et avant de voir le film. Tous les détails et les informations se sont succédés **après** que nous ayons choisi d'aller au cinéma. En fait, la plupart des détails et informations au sujet du film nous ont été présentés après que nous ayons vu le film !

#3. Les femmes détestent ça.

Monsieur se détend en regardant la télé. Il attrape son outil favori : la télécommande. Que se passe-t-il alors ?

Clic. Clic. Clic. Et encore plus de clics. Monsieur balaye rapidement et sans réfléchir tous les canaux à la recherche d'une émission qui capte son attention.

Combien de temps passe-t-il sur chacun des canaux pour prendre sa décision finale ? Moins de cinq secondes suffisent.

Monsieur prend sa décision finale en se basant sur un minimum de faits et d'information. Il ne regarde pas la totalité de l'émission. Il décide en moins de cinq secondes si le sujet lui semble d'intérêt... ou pas.

On se dit : « Hé, c'est injuste. Il doit amasser plus d'information. Il doit s'attarder sur chaque canal un certain temps... » Probablement. Mais c'est la réalité.

L'être humain possède un mécanisme intégré dans le cerveau pour prendre des décisions sur ce qui l'intéresse ou pas, à la télé comme dans la vie. Ce mécanisme ne requiert que quelques secondes et ne requiert presqu'aucun fait ou information.

Nos prospects utilisent le même mécanisme pour prendre leurs décisions finales au sujet de notre entreprise. Ils ne basent pas leurs décisions sur des faits et de l'information. Alors s'il-vous-plaît, n'irritons pas nos prospects avec des faits et de l'information lorsqu'ils s'affairent à prendre une décision. Ce serait impoli.

Réservons notre cahier de présentation et notre vidéo pour un usage ultérieur, soit après la décision, si elle est favorable naturellement. Ce seront d'excellents outils de formation pour les prospects qui décident de se joindre à nous ou d'acheter nos produits ou services.

Wow !

Posons-nous cette question : « Quand les gens prennent-ils leur décision finale ? Avant ou après avoir obtenu l'information ? »

Il semble que ce soit... avant !

Aïe. Ça bouscule nos convictions à propos du processus de décision.

Notre observation démontre que l'information ne fait pas partie du processus de décision des prospects. L'information est utile suite à la décision. Et cette décision soit : « oui » ou « non » se produit… immédiatement ? ! ?

Une nouvelle vision.

On devrait se sentir légèrement inconfortables en ce moment. Le processus de décision de nos prospects n'est pas celui que nous avions imaginé.

Des décisions instantanées basées sur aucune information signifie que… diantre ! Ma présentation parfaitement ficelée n'est peut-être pas si déterminante après tout. En fait, elle pourrait bien être insignifiante dans le processus de décision de nos prospects.

Difficile à croire ?

On peut douter de la science sur le cerveau humain. On peut aussi être sceptiques à propos des études psychologiques. Mais difficile d'ignorer l'observation honnête des faits. Les gens prennent des décisions instantanément, en se basant sur peu ou pas d'information.

#4. Allons faire l'épicerie.

C'est l'heure de notre visite hebdomadaire à l'épicerie. En agrippant notre panier, on se dirige vers la première allée. Tout de suite à notre gauche, on remarque l'étalage des cartons de lait. Est-ce qu'on réfléchit ainsi ?

« Super ! Du lait ! J'espère que le producteur de lait a produit une vidéo afin de présenter le pedigree de ses vaches. Peut-être que la vidéo me permettra de voir la ferme et leurs méthodes pour traire leurs vaches. Je me demande si le fondateur de la compagnie a toujours œuvré dans l'industrie laitière. Je dois vérifier derrière la pinte de carton s'il y a une liste des prix mérités dans les compétitions de laits. Je ne vois pas de présentation PowerPoint, mais peut-être y a-t-il un fichier audio avec des témoignages de gens qui ont bu ce lait. Et si ce lait était breveté, ce serait vraiment fantastique. »

Si ce sont les pensées qui nous traversent l'esprit, il faut s'inquiéter. Personne ne pense de cette façon. On jette simplement un coup d'œil au carton de lait et on prend la décision instantanée de l'acheter ou non.

On avance ensuite dans l'allée pour balayer du regard d'autres articles. Au fil des allées, notre cerveau continue à prendre ces décisions immédiates : « Non, non, non, oui à ces friandises, non, non, oui à ces collations, non, non, non. »

Est-ce que ce processus implique une quelconque réflexion ? Non. Toutes ces décisions instantanées sont prises par des programmes emmagasinés dans nos cerveaux.

Si on ne prenait pas nos décisions de cette façon, et qu'on devait se taper une présentation d'une heure pour chaque article dans l'allée, nous serions affamés avant même d'atteindre le quart d'une allée. Dieu merci, nos cerveaux fonctionnent différemment.

On ne peut nier l'évidence.

Nos prospects prennent des décisions instantanées basées sur peu ou pas d'information.

La décision d'acheter ou de joindre notre entreprise se produit tôt dans la conversation et non pas suite à une présentation abrutissante de 45 minutes.

Si l'information suffisait, alors les compagnies de marketing de réseau n'auraient pas besoin de notre aide. L'internet est bondé d'information et on compte les catalogues, brochures et dépliants par millions.

Mais… les prospects n'ont-ils pas besoin d'information ?

L'information est un boulet accroché à nos pieds qui ralentit la progression de notre carrière. Les prospects n'ont pas besoin d'information. L'information n'est pas ce qu'utilisent les prospects pour prendre leurs décisions. Vous voulez une autre preuve ?

Parlons des gens en surplus de poids. J'en fais d'ailleurs partie. En tant qu'obèse, j'ai accumulé des brochures, des rapports de recherches, des audio, des vidéos, et des documentaires sur les façons de perdre du poids. Je demeure à proximité de plusieurs cliniques de perte de poids, gym, et diététistes. Chaque jour je suis exposé à de l'information sur la perte de poids à la télé et sur le web. On m'a maintes fois sermonné et éduqué sur la façon de perdre du poids. Tous les êtres humains sur terre, moi inclus, possèdent l'information sur comment perdre du poids.

Posez la question à une personne en surplus de poids : « Comment peut-on perdre du poids ? » Sa réponse ? « Manger moins, faire plus d'exercice. » Tous les obèses de l'univers savent ça !

Alors voici la question.

Si les gens prenaient des décisions en se basant sur de l'information, et que chaque personne obèse de l'univers possède cette information, ça signifie qu'il ne devrait plus avoir une seule personne en surplus de poids sur terre non ?

Ouille !

Toute cette information n'a rien à voir avec les décisions que prennent les gens. Alors chaque fois que nous verrons une personne en surplus de poids au cours des deux prochaines semaines, disons-nous tout simplement (intérieurement et non tout haut) : « Les gens ne prennent pas des décisions en se basant sur l'information. »

C'est maintenant enregistré. Chaque fois que nous voyons une personne obèse, c'est une autre preuve que l'information n'a rien à voir avec la prise de décision.

Est-ce que tous vos équipiers accepteront le fait que les décisions n'ont rien à voir avec l'information ?

Non. Les distributeurs amateurs ne pourront jamais croire que leur présentation n'a aucun impact sur le processus de décision des prospects. Ils argumenteront :

- « Mais ils doivent au moins connaître le nom de la compagnie. »
- « Mais ils doivent savoir que nos produits sont brevetés. »
- « Comment peuvent-ils décider avant même d'avoir vu le plan de rémunération ? »

- « Nous sommes les meilleurs. Ils doivent le savoir avant toute autre chose. »
- « Nos scientifiques surpassent les scientifiques des autres compagnies. »
- « Personne ne décide avant d'avoir vu les faits. »
- « La merveilleuse vidéo de notre compagnie est l'élément clé pour les convaincre. »
- « Mon présentation laminée 3D est l'outil qui me permet de les persuader. »

Difficile d'argumenter avec les distributeurs amateurs. Ils ne savent pas ce qu'ils ne savent pas – du moins pas encore.

Alors que faisons-nous ?

Dites-leur : « Tu peux résoudre cet énigme ? »

Donnez-leur ces deux exemples. Soit ils « pigent, » soit ils se condamnent à faire de longues présentation ennuyantes et inutiles. Voici les exemples.

Exemple #1 : Tu invites un prospect à notre présentation d'affaire. Il ne se présente pas. A-t-il déjà pris sa décision ? Oui. Quelle était sa décision ? « Non. » Il a décidé de ne pas joindre notre opportunité et n'a eu droit à aucun fait ni information.

Exemple #2 : Tu invites un prospect à notre présentation d'affaire. Il décide de ne pas prendre le souper avec sa famille. Il décide de ne pas regarder la télévision ce soir là. Il décide de ne pas se détendre après une longue journée au bureau. Il choisit plutôt de consacrer sa soirée entière à l'écoute de notre présentation d'affaire afin de démarrer sa propre entreprise. Et il espère que nous n'allons pas l'en dissuader en lui imposant une présentation longue et ennuyante. À quel moment a-t-il prit sa décision ? Avant de se présenter à notre rencontre.

Oui, les prospects prennent une décision finale avant d'avoir eu droit aux faits.

Ce fait va à l'encontre de toutes les croyances des distributeurs amateurs. Ils seront réticents à s'y adapter et en profiter dans le développement de leurs entreprises. Les gens détestent changer leurs croyances.

Nos distributeurs amateurs continueront à imposer des présentations aux prospects qui ont déjà statué et dit « non » à la proposition. C'est impoli, et c'est une perte de temps pour tout le monde.

Le résultat ? Épisode de frustration pour le prospect et pour le distributeur amateur.

Pré-conclure ? Maintenant ça semble être une bonne idée.

Les prospects prennent une décision finale en se basant sur… aucune information. Et ce, avant le début de notre présentation. Alors la façon dont nous utilisons ce temps qui précède la présentation peut déterminer si nous obtiendrons ce « oui » tant convoité.

Le fait de pré-conclure nous permet de préparer le terrain. Pourquoi ? Parce que le processus devient agréable pour nos prospects. Les techniques de vente à pression en terminant nos présentations ne font aucun sens.

Ce qui se passe en réalité durant notre première prise de contact.

Nos prospects ont plusieurs décisions à prendre à chaque seconde.

- Je devrais rester debout ou m'asseoir ?
- Est-ce que je porte mon attention sur cette voiture de l'autre coté de la rue ?
- Est-ce que je serai de retour à la maison à temps pour mon feuilleton télé ?
- Suis-je affamé ? Je dois vérifier.
- Est-ce que je peux utiliser ce moment pour réfléchir au cadeau d'anniversaire de ma douce moitié ?
- Est-ce que mon patron a été honnête lors de ma récente évaluation ?

Lorsqu'on rencontre un prospect, il souhaite prendre une décision le plus rapidement possible sur nous, et sur notre offre. Il y a beaucoup d'autres dossiers qui requièrent son attention et nécessitent une décision. C'est la raison pour laquelle il précipite sa prise de décision initiale qui se limite à deux options : « oui » ou « non. »

C'est notre façon de décider. C'est aussi la façon de décider de nos prospects. Alors pourquoi ne pas utiliser des mots et des phrases qui faciliteront la prise de décision rapide de nos prospects ? Moins de stress, moins de rejet et des prospects plus heureux.

POUVEZ-VOUS RECRUTER 100 PERSONNES EN UNE SEMAINE ?

Y croire est important, mais ça n'est que le premier pas.

On reçoit un appel téléphonique. À l'autre bout de la ligne, une personne dit : « Êtes-vous dans le domaine bancaire, dans l'investissement ? Organisez-vous des levées de fonds ? Pourriez-vous rassembler 500,000$ que je pourrais emprunter jeudi prochain ? »

Notre réponse ? « Je ne peux pas. Je ne suis pas formé pour organiser des levées de fonds. Je ne connais même personne qui a mis de l'argent de coté. »

Puisque ça nous semble impossible, on ne tentera même pas le coup.

Y croire est la première étape. Sans la croyance, toutes les compétences du monde ne pourront pas aider.

Imaginez maintenant cet autre scénario.

On reçoit un appel. Une personne qui dit : « J'ai kidnappé votre enfant. Je lui offre une seule chance de libération, soit jeudi prochain, en échange de 500,000$. »

Que répondrons-nous ? Probablement pas : « Oh, je ne suis pas formé pour organiser des levées de fonds. Désolé. »

On répondra plutôt : « J'aurai les 500,000$ pour jeudi. »

Quelle est la différence ? On a reçu une formation instantanée ? Non. La différence est la croyance, nourrie par le désir et la motivation de revoir son enfant dans ce cas précis.

Sans la croyance, on ne se lancera pas. Mais avec elle, nous sommes confiants de pouvoir acquérir les compétences et trouver une solution avant jeudi, même si on ignore comment rassembler 50,000$ pour l'instant.

La première étape est : la croyance.

Croire qu'on peut y arriver n'est que la première étape.

C'est une étape nécessaire, mais il y en a une autre. La seconde étape d'apprendre quoi dire aux prospects.

À tous ceux qui croient qu'il suffit de penser positivement à quelque chose pour qu'elle se matérialise, voici une petite histoire qui porte à réfléchir.

L'histoire « On a besoin de compétences. »

Notre prospect a dit : « Non. »

Notre réplique ?

« Non ? C'est une blague ? Mais… j'ai chanté mes affirmations toute la matinée ! Et j'ai de nouvelles photos sur mon tableau de visualisation. Hier, j'ai travaillé sur mon état d'esprit. Mes buts sont plus valables que les tiens. J'ai participé à deux conventions annuelles de ma compagnie et j'ai crié très fort avec enthousiasme. J'ai sauté plus haut que tous les autres participants. J'y crois si fort. Je suis passionné ! Alors comment peux-tu refuser mon offre ? ? ? »

Bon, d'accord. C'est une réplique ridicule.

Mais elle nous rappelle que se conditionner mentalement pour y croire n'est que la première étape vers le succès. Une étape très importante, oui. Mais il y a plus.

Étape 2 : Acquérir les compétences de notre profession.

Si on n'acquiert pas les compétences pour amener nos prospects à répondre « oui, » nous construisons un château de cartes. Nous avons de l'espoir. Nous avons des souhaits. Mais pas une entreprise solide. Notre sécurité financière et notre succès sont directement reliés à notre volonté d'acquérir les compétences de notre profession.

Une question demeure : « Quel serait le meilleur moment pour commencer à apprendre ces compétences ? »

Avec un peu de chance… maintenant !

On doit maîtriser l'art de pré-conclure afin d'amener nos prospects à dire « oui » plutôt que « non. » C'est une des compétences essentielles à ajouter à votre curriculum vitae de réseauteur.

Voyons d'autres techniques simples dès maintenant.

PRÉ-CONCLURE AVEC LA TECHNIQUE « VALEUR RÉELLE. »

Pourquoi les prospects se plaignent des frais de démarrage pour devenir distributeur ? Parce qu'ils ne saisissent pas la valeur de notre entreprise. On peut résoudre ce problème en ajoutant de la valeur à notre offre.

Nous pouvons dire quelque chose comme :

« Alors quelle serait la valeur réelle pour toi si ça te permettait d'ajouter 500$ à tes revenus chaque mois ? »

Gardez le silence et attendez une réponse. Votre prospect réalisera rapidement que notre entreprise vaut bien plus que les frais de démarrage de 500$.

Zip ! On ne parle pas ! On attend toujours la réponse de notre prospect. Et sa réponse sera en général plusieurs fois le montant initial de 500$.

Souvenez-vous. La clé est de permettre à nos prospects de prendre le temps de réfléchir à la valeur de notre offre. Il ne faut pas les interrompre. Plus longue est sa réflexion, plus la valeur réelle de notre opportunité se multiplie dans son esprit.

PROSPECTS À FROID ? DEUX PHRASES GÉNIALES QUI VOUS FACILITERONT LA TÂCHE.

Appeler des prospects à froid qui ont répondu à votre annonce est plutôt difficile. Il n'y a pas de relation en place. Les prospects sont sceptiques. Mon ami, Jackie Clayton, solutionne ce problème en utilisant deux questions fantastiques.

Lorsque les prospects répondent au téléphone, elle dit :

« Je comprends que vous êtes à la recherche d'une entreprise que vous pouvez développer de la maison. Alors dites-moi, pourquoi ne l'avez-vous pas encore trouvée ? »

Que se produit-il alors ?

Les prospects se détendent et confient à Jackie la raison pour laquelle ils cherchent toujours. Ils expliquent ce qu'ils ont aimé et n'ont pas aimé dans leurs recherches à ce jour. Ils avouent même à Jackie ce qui les empêche de se commettre et s'impliquer.

Les prospects se vident le cœur et sont confortables d'échanger avec Jackie.

Maintenant Jackie sait exactement ce qu'ils recherchent et, elle décrit ensuite son entreprise de façon à la rendre attrayante et accessible pour eux.

C'est encore mieux que de savoir lire dans les pensées. Quand les prospects nous disent avec précision ce qu'ils aiment et n'aiment pas avant de démarrer notre présentation, c'est un peu comme s'ils nous déroulaient le tapis rouge.

Vous voulez une autre formule de deux phrases qui ouvre les prospects ?

On peut cuisiner nos prospects tôt dans la conversation en disant :

« Il y a deux types de personnes dans ce monde. Ceux qui cherchent des raisons pour le faire et, ceux qui cherchent des raisons pour ne pas le faire. »

Voilà une phrase qui place nos prospects dans une attitude d'ouverture. Ils seront portés à rechercher des raisons pour joindre notre opportunité plutôt que des raisons pour la rejeter.

Lorsqu'on utilise cette phrase pour démarrer une présentation, on remarque qu'il devient inutile d'utiliser des techniques à pression pour fermer la vente. Les prospects peuvent juger adéquatement si cette opportunité leur convient ou pas.

VOUS AIMERIEZ TRIER LES PROSPECTS ILLICO ?

Après avoir écouté et cerné le principal problème du prospect devant nous, on peut lui lancer tout bonnement : « Tu aimerais faire quelque chose pour changer ça ? »

Notre prospect se retrouve devant deux choix de réponses.

Réponse #1 : « Oui. »

Simple comme bonjour. On peut alors lui faire une présentation rapide, et nous savons qu'il joindra notre équipe ou qu'il achètera notre produit ou service.

C'est l'art de pré-conclure à son meilleur !

Les prospects ont des problèmes. Et s'ils souhaitent régler leurs problèmes, la décision sera : « Oui ! » Nous pouvons alors passer à la présentation en toute quiétude.

Réponse #2 : « Non. »

Quand nos prospects ne désirent pas régler leurs problèmes, on s'arrête. Notre objectif est de les aider ; pas de les rendre malheureux. Certaines personnes se font une joie de conserver leurs problèmes. Leurs problèmes les définissent. Par exemple, « écoutez » les deux phrases qui suivent.

1. « Je suis diabétique. » (Ça fait partie de moi. Ça me définit comme personne.)

2. « Je suis une personne souffrant de diabète. » (Le diabète est extérieur à moi.)

Cela dit, les prospects peuvent dire « non » de centaines de façons. La plupart d'entre elles résonnent comme des excuses. Par exemple :

- « Je dois y penser. »
- « Y a-t-il un site internet que je peux consulter ? »
- « Je vais te revenir là-dessus la semaine prochaine. »

Nous pourrions poursuivre cette liste d'excuses sur plusieurs pages, mais nous sommes déjà familiers avec la plupart d'entre elles. On les a entendues tant de fois.

Et que devrions-nous faire lorsque nos prospects répondent « non ? » Soyons polis. Exauçons leurs vœux. Si nos prospects répondent « non, » c'est qu'ils le pensent vraiment. Ils ne sont pas intéressés.

Mais que faire si on sait qu'ils en ont vraiment besoin ? Est-ce qu'on devrait les harceler et les presser comme des citrons jusqu'à ce qu'ils disent « oui ? » Non. Acceptons le fait que nous n'avons probablement pas été à la hauteur. Retournons à la base histoire d'améliorer nos compétences afin d'établir d'entrée de jeu crédibilité et confiance, ou encore, polir d'autres compétences importantes que nous avons probablement bâclées.

Développer notre entreprise sans stress grâce à ce secret.

Lorsque certains prospects ne sont pas intéressés, on devrait poursuivre notre chemin tout simplement.

L'objectif de toute entreprise est de solutionner des problèmes. Si certains prospects n'ont pas de problèmes ou, s'ils ne souhaitent pas les régler, on doit respecter ce choix.

Il y a amplement de prospects qui vivent des problèmes que nos produits, services ou notre opportunité d'affaire pourraient solutionner. Et c'est avec ces prospects qu'il faut investir la majorité de notre temps. On ne veut pas se battre avec des prospects désintéressés.

D'AUTRES MOYENS POUR OBTENIR DES DÉCISIONS RAPIDES.

Vous avez déjà vécu comme moi des difficultés pour briser la glace et obtenir l'intérêt des prospects envers notre présentation ? Il faut y aller graduellement. Commençons avec cette question qui commande un « Oui. »

« Si je t'aidais à démarrer ton entreprise à temps partiel, et que ça te permettait de prendre ta retraite dans deux ans, est-ce que tu m'enverrais une carte de remerciement ? »

Comment un prospect pourrait-il refuser une telle offre ?

Notre prospect se penche alors vers l'avant avec un état d'esprit positif, et nous pouvons lui offrir une présentation sans rejet. Facile n'est-ce pas ? Tout ça en quelques secondes.

Essayons-en une autre.

Peur de perdre.

Il y a plusieurs années, j'ai entendu un conférencier clore sa présentation avec une phrase extraordinairement efficace. Mais pourquoi attendre la fin de notre présentation pour utiliser cette phrase ? Nous pourrions plutôt la positionner dès le début !

Pourquoi ?

Cette phrase indique aux prospects quels sont les coûts reliés à notre opportunité. Cette information placée dès le départ leur permet de se détendre un peu. De plus, on agi avec transparence et on démontre avec force que le prix de notre entreprise n'est pas un élément déterminant.

Ça n'est pas tout. Cette formule magique active le sentiment de « peur de perdre » chez nos prospects. Tout le monde sait que la perdre est plus grande que le désir de gagner. Après avoir entendu cette phrase, les prospects décident instantanément d'ouvrir leurs esprits et de rechercher des justifications pour adhérer à notre offre, plutôt que des raisons pour la rejeter.

Voici cette fameuse formule :

« Mes amis, il en coûte 99$ pour dire ‹ Oui › à notre opportunité, et 2.5 millions pour dire ‹ Non. › »

En d'autres mots, pour 99$, vous pouvez vous joindre à notre opportunité de marketing relationnel. Un investissement faible. Cependant, si vous dites « Non » et ne tirez pas profit de notre opportunité, vous pourriez perdre 2.5 millions de dollars en chèques de commission à venir. Vous ne pouvez pas vous permettre de refuser cette opportunité.

Cette phrase puissante amène les gens à dire oui à notre opportunité. Et en prime, les prospects nous respectent pour avoir dévoilé dès le départ les coûts et la nature de notre proposition. Ils n'ont pas à attendre la fin pour le découvrir.

Avertissement.

Les phrases puissantes pour conclure doivent résumer les bénéfices de notre opportunité et amener les gens à se joindre à nous. Il existe par contre une nuance importante entre une décision d'implication et une décision de commodité.

Les prospects qui ont besoin d'être poussés pour statuer prennent en général une décision de commodité. Il est tout simplement plus facile pour eux de nous dire « Oui » que « Non. »

Les décisions de commodité sont plus faibles. Elles signifient souvent qu'on devra développer le désir d'implication après l'adhésion. Pourquoi ? Parce que nos prospects doivent se construire une carapace pour affronter le rejet, la critique et, les autres défis qui font partie du développement de toute entreprise.

Un prospect qui prend une « décision de commodité » versus un prospect qui prend une « décision d'implication » représente deux univers totalement différents. Lorsque les prospects prennent une décision d'implication, ils n'ont pas besoin de phrases puissantes et d'artifices. Ils se vendent l'idée à eux-mêmes avant même qu'on démarrer notre présentation.

LA MALÉDICTION DES COLLECTIONNEURS D'INFORMATION.

Lorsqu'on discute avec les prospects, la seule décision qu'ils doivent prendre est la suivante : est-ce que je désire démarrer une entreprise… ou pas. Ou est-ce que je désire acheter ce produit ou service… ou pas.

Pourquoi simplifier la décision à ce point ? Parce que nos prospects ne peuvent pas prendre une décision éclairée sur quoi que ce soit d'autre. Pensez-y. À ce point de la conversation, est-ce que nos prospects ont suffisamment d'information…

- Pour évaluer une toute nouvelle industrie ?
- Pour connaître les trucs du métier et les stratégies de croissance ?
- Pour comprendre notre plan de rémunération rempli de termes techniques ?
- Pour juger nos produits au premier coup d'œil ou après un seul essai ?
- Pour savoir quelles questions poser ?
- Pour savoir comment faire le travail, sans jamais avoir été impliqués dans notre industrie ?

Non ! C'est injuste de demander aux prospects de prendre une décision sur tous ces éléments qu'ils ignorent et qui ne font pas partie de leur champ d'expertise. Ils apprendront ces choses après avoir pris la décision de joindre notre entreprise, débuté les formations et acquis de l'expérience.

Souvenez-vous à quel point nous étions néophytes durant notre première semaine dans cette industrie.

Quelle décision nos prospects peuvent prendre avant qu'on démarre notre présentation ?

Ils peuvent décider s'ils désirent faire affaire avec nous... ou pas. C'est tout.

Mais ne doivent-ils pas savoir comment développer notre entreprise avant de commencer ? Non ! Ce serait ridicule. Ne vous laissez pas servir la vieille excuse : « Je ne peux pas. Je ne sais pas comment faire. »

Répondez avec le sourire : « Bien sur que tu ne sais pas comment faire. La compagnie ne s'attend pas à ce que tu saches développer ton entreprise avant même de t'inscrire. Ce serait dément ! C'est la raison pour laquelle la compagnie fournit toute la formation nécessaire après ton adhésion, de sorte que tu puisses apprendre à développer ton entreprise de la bonne façon. »

Personne ne s'attend à ce qu'on sache développer une organisation en marketing relationnel avant d'avoir commencé.

Savoir comment développer notre nouvelle entreprise arrive plus tard.

Pour l'instant, la seule décision qui compte est de savoir si nos prospects désirent joindre notre entreprise ou pas.

1. S'ils souhaitent joindre notre entreprise, le moment idéal pour s'enrôler et démarrer la formation est... maintenant.

2. S'ils ne souhaitent pas joindre notre entreprise pour l'instant, c'est le moment idéal pour le découvrir. On peut cesser de les harceler et les laisser poursuivre leurs vies. Ils seront peut-être prêts quelque part dans le futur.

Une fois que nous comprenons que notre objectif est d'obtenir la décision « joindre immédiatement, » tout devient plus facile.

Nous pouvons provoquer cette décision tôt durant la conversation. Si nous ne le faisons pas, voici le problème. On parle, on poste des échantillons, et on dirige nos prospects vers nos pages web. Finalement, ils ont toute l'information à propos de notre opportunité et vient alors le moment de prendre une décision.

Décision de se joindre à vous ? Décision de s'activer ? Décision de se mettre au travail ?

Moment de panique. Que fait alors votre prospect de type « collectionneur d'information ? » Il réalise soudainement qu'il doit investiguer et rechercher une autre opportunité.

C'est la malédiction des prospects « collectionneurs d'information. » Ils passent leur carrière entière à analyser, étudier, rechercher... pour éviter de devoir s'activer.

Ils sont experts en tout. Ils peuvent vous dire ce qui est bien ou mauvais concernant toutes les opportunités et tous les produits et services. Ils publient leurs opinions et démarrent des groupes de discussions pour ressasser la même information encore et encore.

À un certain moment, ces prospects gravissent un échelon et deviennent... des critiques.

C'est la malédiction des « collectionneurs d'information. »

Vous vous rappelez cette présentation interminable suivie de quelques heures de questions ? Suite à laquelle le prospect vous a demandé quelques jours pour y réfléchir ?

Frustrant n'est-ce pas ? C'est seulement à ce moment qu'on réalise que ces prospects ne souhaitent pas vraiment démarrer une entreprise.

Ces prospects « collectionneurs d'information » sentent qu'ils progressent en examinant les possibilités. La réalité est qu'ils ne souhaitent pas vraiment faire la découverte qui les obligerait ensuite à se mettre au travail.

Pourquoi ? Parce que s'ils démarraient vraiment, ils devraient travailler fort et risquer de subir le rejet.

C'est la raison pour laquelle ils cherchent inlassablement. Ce qui consume notre temps puisqu'en réalité, ce ne sont pas de véritables prospects.

Cette tactique est commune chez les analytiques tels que les ingénieurs, comptables, techniciens en saisie de données, scientifiques, etc. Ils préfèrent en général amasser de l'information à l'abri plutôt que de risquer un premier pas dans une nouvelle entreprise. Leur quête de détails est sans fin, tout comme leur prise de décision. Ils nous rendent complètement dingues !

Mettez fin à leur tactique et concluez dès le départ en disant :

« Avant de débuter, je désire m'assurer que nous sommes bien sur la même longueur d'onde. Alors, es-tu en mode démarrage d'entreprise pour générer des revenus rapidement ou bien... tu es en mode collecte d'information. »

Cette question déculotte les analytiques et nous aide à avoir une vue d'ensemble de la suite des choses.

S'ils indiquent qu'ils sont en mode démarrage d'entreprise, on fonce. Dossier clos !

S'ils sont en mode collecte d'information, on leur fournit quelques liens internet, une brochure, ou un autre outil à portée de main et, on peut passer à autre chose. Ils seront heureux qu'on ne les pousse pas vers un démarrage rapide. Nous serons heureux aussi de pouvoir investir notre temps sur un autre prospect tout frais et prêt à démarrer maintenant.

Quand on a une vue d'ensemble en tête, il devient facile d'orienter notre conversation afin d'obtenir cette précieuse décision.

La première étape est de sonder le désir d'engagement pour démarrer une entreprise.

Et si on n'obtient pas cet engagement ? Alors on parle à quelqu'un qui n'est pas prêt à démarrer une entreprise. C'est un problème difficile à résoudre. Et notre discussion se dirige en plein cul-de-sac.

Et si j'ai déjà démarré ma présentation ?

Si nous sommes coincés dans une spirale sans fin de questions et menus détails, on peut utiliser cette question stratégique afin de mettre fin à ce drame temporel. Cette question nous remet sur les rails pour déterminer l'issue de la présentation en cours, à savoir si aujourd'hui est le bon moment pour notre prospect de joindre notre entreprise ou non. Voici la formule :

« Excellent ! Je t'encourage à accumuler toute l'information dont tu as besoin, mais j'aimerais te parler de vision d'ensemble. Ça t'irait si on discutait à un niveau supérieur ? »

La plupart des prospects diront : « Euh, oui. Bien sur, ça m'irait de discuter à un niveau supérieur. »

On peut alors rediriger notre conversation vers la décision du prospect soit : désire-t-il démarrer une entreprise maintenant… ou non.

Vous voulez une autre façon de gérer ces collectionneurs d'information ?

Plusieurs questions reflètent tout simplement l'inquiétude du prospect face à son succès potentiel. Plutôt que de répondre à ses questions sans fin, considérez cette autre approche. Vous pouvez répondre à la plupart de ces questions secondaires comme suit :

« On répond à cette question durant la formation. Mais la véritable question est : « Est-ce que tu souhaites joindre notre entreprise maintenant afin qu'on puisse t'inscrire à notre prochaine formation ce week-end ? »

Toujours en panne d'options ?

Nous pouvons essayer ceci, au moment opportun, durant notre conversation avec un prospect.

« Tu es probablement fatigué et ennuyé par toute cette collecte d'information et de faits. Alors si tu es prêt à emboîter le pas et démarrer ton entreprise, quel serait le meilleur moment pour démarrer pour toi ? Ou préfères-tu mettre ce projet de coté pour quelques mois ? »

Cette approche semble trier les prospects plutôt rapidement.

Si votre prospect répond : « Oh, j'ai besoin de quelques semaines de plus pour réfléchir aux revenus que je pourrais générer si je savais comment développer l'entreprise. » Nous sommes alors fixés. C'est le moment de libérer notre prospect.

Nous avons rempli notre obligation. Nous lui avons offert l'option de démarrer son entreprise. Nous ne sommes pas responsables des choix que font nos prospects.

Et s'ils continuent à demander plus détails ?

Eh bien, nous devrions être polis. Autant que faire se peut, nous leur fournissons les détails, même s'ils ne sont probablement pas qualifiés pour les analyser. Mais nous devrions nous poser cette question : « Pourquoi veulent-ils connaître tous ces détails difficiles à analyser pour eux ? »

La réponse est : « Parce qu'ils ne sont pas suffisamment confiants pour faire le saut dans l'aventure. Ils ont peur de s'y perdre. Alors ils s'attardent désespérément aux détails pour tenter de se sécuriser. »

Sécurité ?

Oui.

Voyez-le du point du vue du prospect.

LA PREMIÈRE DÉCISION.

« C'est ce qu'on ne connaît pas qui peut nous tuer. »

Voici une autre façon de l'exprimer : « La définition du mot frustration est d'ignorer ce qu'on ne sait pas. Bref, on ne peut jamais savoir ce qu'on ne sait pas, parce qu'on ne sait pas ce qu'il nous faut apprendre pour savoir ce qu'on ne sait pas. »

Toutes les personnes qui se sont impliqué dans le marketing relationnel ont un jour ou l'autre vécu cette frustration. Les choses vont de travers, mais on ne sait pas pourquoi.

Voici comment je l'ai vécu personnellement. À mes débuts, j'ai donné des centaines de présentations, et personne ne s'est joint à mon équipe. C'était mon problème. Et je ne pouvais pas le régler, puisque je ne connaissais pas la cause de mon problème.

J'ai tenté de deviner. J'ai alors cru que les prospects avaient besoin de plus d'information. Bien entendu, c'était faux. J'avais alors doublé la quantité d'information et la durée de ma présentation, mais encore une fois, personne ne s'est joint à moi.

De mal en pire.

Plusieurs niveaux plus haut, dans ma ligne de parrainage, se trouvait un leader du nom de Robert. Robert pouvait s'asseoir avec un prospect et dire : « Et bien… »

Et le prospect répondait immédiatement : « J'aimerais joindre ton entreprise. »

Quoi ? ? ?

Oui. Robert n'avait qu'à s'asseoir quelques instants et les prospects le suppliaient de joindre son entreprise.

Je détestais Robert.

J'ai travaillé fort chaque jour. J'ai passé du temps loin de ma famille. Et je n'ai obtenu aucun résultat. Peu importe les améliorations que j'apportais à ma présentation, rien ne débouchait.

Je devais me résigner à observer le succès de Robert qui n'avait qu'à s'asseoir, sourire, dire un mot ou deux, et remplir les formulaires. C'était de la pure torture.

Mais Robert connaissait un secret.

Robert savait que les gens détestent leurs vies. Se lever le matin, se rendre au travail, dormir. Se lever le matin, se rendre au travail, dormir. Se lever le matin, se rendre au travail, dormir. Se lever le matin, se rendre au travail… mourir !

Bref, la plupart des gens détestent leurs vies. Robert le savait. Les gens recherchent désespérément un plan. Ils n'ont pas de plan. S'ils avaient eu un plan, ils l'auraient suivi.

Alors imaginez les prospects typiques à qui je m'adressais :

1. Ils détestaient leurs vies.

2. Ils recherchaient un plan. J'avais un plan.

3. Ils recherchaient quelqu'un qui connaissait le chemin. Je connaissais le chemin.

4. Et finalement… ils désiraient savoir si cette personne avait les compétences pour les prendre par la main et les mener au bout du chemin. Sapristi. C'est là que tout a foiré.

Les prospects me regardaient et se disaient : « Si je me joins à toi dans cette aventure, je vais mourir avant la fin. »

Mes prospects ne souhaitaient pas mourir. Comment ont-ils ressenti que c'était ce qui les attendait ?

Les prospects peuvent sentir le désespoir. Les prospects peuvent percevoir l'incompétence.

En seulement quelques secondes, les programmes emmagasinés dans leurs cerveaux ont détecté que s'ils se joignaient à moi dans l'aventure, ils mourraient avant la fin. Ils savaient que je n'avais pas les compétences pour les prendre par la main et les conduire jusqu'au bout.

Mais j'avais une bonne attitude !

Je me nourrissais de pensée positive. Je chantais la chanson de la compagnie. J'avais de nouvelles photos sur mon tableau de visualisation. Et rien de tout ça n'avait d'importance. Les prospects ne se souciaient que d'une seule chose : se rendre à destination de façon sécuritaire.

Les humains pensent de cette façon. Imaginons qu'on prend l'avion. En s'assoyant sur le siège, le capitaine prend le micro et dit : « Bienvenue à bord. Je ne sais pas comment piloter cet avion, mais j'une attitude de gagnant. »

Est-ce qu'on demeure dans cet avion ? Non ! Parce qu'on souhaite rester en vie.

C'est la raison pour laquelle personne ne se joignait à moi dans l'aventure… Pour éviter de crever sur le champ de bataille !

Ça n'est pas une seulement une question d'attitude, c'est aussi une question de compétence.

Les prospects acceptent de nous suivre seulement s'ils sentent qu'on pourra les mener jusqu'au bout.

Revenons à Robert. Les prospects sentaient que Robert possédait les compétences pour aller jusqu'au bout. Et ils souhaitaient s'y rendre aussi. Ils désiraient donc suivre Robert dans l'aventure.

C'est d'ailleurs notre premier test avec les prospects. J'ai échoué ce test. Pourquoi ? Parce que je croyais que leur décision était reliée à l'information, à l'industrie, la compagnie, les produits, le plan de rémunération et tous ces détails inutiles. Je ne savais pas que les prospects prenaient leur décision avant ma présentation.

Alors quel est la conclusion de tout ça ?

Les prospects prennent cette décision rapidement. La bonne nouvelle est que nous devons être compétents durant les premières secondes seulement. Si nous arrivons à bien performer durant les 20 à 30 premières secondes, c'est-à-dire performer avec assurance, les prospects souhaiteront joindre notre équipe. Ils prendront la décision immédiate de nous accompagner dans notre aventure à succès.

Comment afficher cet aura de compétence ? Grâce à deux outils.

Le premier, le développement personnel. Personne ne souhaite suivre quelqu'un de pessimiste. Le développement personnel nous rend meilleurs. Les gens aiment s'entourer de gens qu'ils considèrent meilleurs qu'eux. Un exemple ? Qui sont les pôles d'attraction lors des fêtes et célébrations... les gens positifs ou les gens négatifs ?

Le développement personnel nous aide à démarrer.

Mais on a besoin de plus que ça... Personne ne désire suivre un idiot positif dans une mission suicide.

Le second outil dont nous avons besoin : des compétences de base. En s'adressant à nos prospects de façon concise et avec les bons mots, ils « ressentent » notre compétence. Ils ont confiance envers notre savoir faire, de même que notre capacité à se rendre à destination. Ils souhaitent se joindre à nous pour l'atteindre eux aussi.

Est-ce que pré-conclure est une de ces compétences que nos prospects recherchent ? Bien entendu. Ce qu'on dit au début de nos conversations influencera leurs décisions.

Alors quel est le premier test ?

« Si je me joins à toi dans cette aventure, est-ce que j'atteindrai la ligne d'arrivée indemne ? »

Robert savait que c'était la première préoccupation des prospects. Pas moi.

Les prospects évaluent notre potentiel de réussite et prennent leur décision bien avant qu'on mentionne le nom de notre compagnie. On doit donc gérer efficacement ces premières secondes critiques de l'interaction avec nos prospects.

On désire être comme Robert.

LA RAISON D'ÊTRE DE TOUTE ENTREPRISE EST DE SOLUTIONNER LES PROBLÈMES DES GENS.

À quoi serviraient les restaurants si personne n'avait jamais faim ? Et quelle serait la raison d'être des hôtels si personne n'avait besoin de dormir ? Et si nous étions éternels, vendre des vitamines serait plus difficile n'est-ce pas ?

Le marketing de réseau est simple si on se concentre sur la résolution des problèmes des gens. Mais comment allons-nous découvrir leurs problèmes respectifs ?

Certainement pas en parlant. Il faut plutôt écouter.

Si nos nouveaux distributeurs nous posent la question suivante : « Qu'est-ce que je devrais dire ? »… c'est qu'ils n'ont rien compris à ce principe. Plutôt que de parler, ils devraient se mettre à écouter.

Écouter ?

Oui. Mais on ne veut pas entendre parler du drame qui se joue dans la belle famille de notre prospect. C'est pourquoi nous allons orienter la conversation les problèmes de nos prospects.

PRÉ-CONCLURE EN MARKETING RELATIONNEL

Alors comment faire pour diriger la conversation vers les problèmes de nos prospects ? En posant tout simplement les bonnes questions.

Quelques questions pour pré-conclure avec nos prospects.

Souvenez-vous, la raison d'être de toute entreprise est de résoudre des problèmes.

Notre travail est d'amener nos prospects à souhaiter résoudre leurs problèmes tout de suite, et non quelque part dans un futur éventuel.

Les problèmes sont désagréables. On n'aime pas réfléchir à nos problèmes. Alors que fait-on ? On se dépêche de penser à autre chose. On préfère éviter les mauvais sentiments qui nous envahissent lorsqu'on réfléchit à nos problèmes.

Pour inciter nos prospects à vouloir régler leurs problèmes tout de suite, on les pousse à réfléchir davantage à leurs problèmes.

Les problèmes deviennent plus urgents lorsque les prospects sont forcés d'y réfléchir. On crée donc un sentiment d'urgence en leurs posant plus de questions.

Voici quelques exemples de questions qui amènent les prospects à se pencher sur leurs problèmes et à en discuter ouvertement.

- Quel serait un bon moment pour démarrer ta propre entreprise ?
- Comment on se sent avec un seul chèque de paie par semaine ?

- Quand aimerais-tu recevoir un chèque de paie supplémentaire pour ta famille ?
- Combien de livres en trop devrais-tu avoir à tes 50 ans ?
- Combien d'argent devrais-tu dépenser chaque mois pour
ton téléphone ?
- Si on te payait à ta juste valeur, quel serait ton taux
horaire ?
- Combien de semaines de vacances as-tu besoin chaque
année ?
- Si tu étais ton propre patron, changerais-tu quelque
chose ?
- De quel ordre est l'augmentation de salaire que tu antici-
pes cette année ?
- Est-ce que tu t'attends à ce que les choses demeurent les
mêmes ?
- Aimerais-tu avoir des cils somptueux sans avoir à les
coller ?
- Quel taux horaire les avocats devraient-ils facturer ?
- Les rides sont inévitables. Mais à quel âge devraient-elles
apparaître ?
- Tu connais quelqu'un qui a besoin d'un revenu supplé-
mentaire ?
- Que dirais-tu d'un week-end de cinq jours ?

Entamer une conversation dans la bonne direction est simple lorsqu'on utilise des questions efficaces.

Que devrait-on demander d'abord ?

On doit d'abord poser des questions afin de déterminer si
nos prospects ont des problèmes. S'ils n'en ont pas, nous n'avons
rien à solutionner ou à améliorer.

Vous aimeriez accroître vos compétences dans l'art de poser des questions ?

Vous aimeriez amener vos prospects à s'ouvrir davantage, et à vous confier leurs problèmes les plus irritants ?

Heureusement, les gens ont beaucoup de problèmes. Les problèmes sont simples à découvrir si l'on pose deux questions, dans le bon ordre...

Question #1 : « Qu'est-ce que tu aimes le plus à propos de... »

Question #2 : « Qu'est-ce que tu détestes le plus à propos de... »

La réponse à la question #1 est sans importance. On s'informe des éléments positifs d'abord pour permettre à nos prospects de se détendre. Si nous commencions à creuser maintenant en les invitant à parler de leurs problèmes, nos prospects seraient hésitants et nous pourrions perdre la connexion.

La réponse à la question #2 est l'information que nous attendons. Cette réponse nous guidera dans la façon de présenter notre produit ou notre opportunité en tant que solution à leurs problèmes.

Voici un exemple.

Question #1 : « Qu'est-ce que tu aimes le plus dans ton travail ? »

Le prospect répond : « Et bien, le salaire est convenable. Et c'était l'emploi de mes rêves lorsque j'ai reçu mon diplôme. »

Question #2 : « Que détestes-tu le plus à propos de ton travail ? »

Le prospect répond : « Je suis coincé derrière un bureau toute la journée. Je ne sors jamais. Je n'ai presque jamais l'occasion de parler aux gens. Je déteste transférer des papiers d'un coté à l'autre de mon bureau. Je suis plutôt de type social. »

On sait maintenant avec exactitude quoi dire à notre prospect. Notre présentation portera sur son problème et son insatisfaction professionnelle.

Lorsqu'on pose les bonnes questions, on soulève les problèmes précis que nos prospects aimeraient solutionner. Et nos présentations sont maintenant sur mesure pour eux. Nos présentations ne ressemblent plus à un exposé de vente générique.

Une portion importante de la décision finale prise par les prospects est : « Est-ce que tu comprends ma situation ? » En démontrant qu'on se soucie d'eux, en posant les bonnes questions, nos prospects voudront faire affaire avec nous.

Ces deux questions sont-elles les seules que nous pouvons poser ? Bien sur que non. Regardons d'autres exemples de questions disons… pour des produits de perte de poids.

La formule « cinq-questions. »

Ces cinq questions facilitent la tâche à nos prospects dans leur prise de décision immédiate, avant même de débuter notre présentation. Voici un exemple qui vous permettra de tout comprendre. Prêts ?

Question #1 : « S'il existait une façon pour vous de perdre du poids, d'avoir plus d'énergie, de ne plus vous sentir affamé et, et tout ça sans devoir à faire une croix sur vos aliments favoris... vous aimeriez à tout le moins en savoir plus, n'est-ce pas ?

Nos prospects devraient répondre « oui » parce que nous leur avons proposé quatre bénéfices. Ils seront intéressés par au moins un de ces bénéfices.

Question #2 : « Avez-vous déjà suivi une diète ? »

Écoutons la réponse de nos prospects. S'ils sont extrêmement obèses, et qu'ils n'ont jamais réussi à perdre de poids, on sait qu'on devrait d'abord les amener à se commettre envers une diète. Le fait de présenter nos produits extraordinaires sans avoir d'abord cet engagement serait un pur gaspillage de salive.

Question #3 : « Qu'avez-vous apprécié **le plus** de vos diètes précédentes ? »

Notez que cette question est positive et non-invasive. On veut que nos prospects se détendent. On écoute et on prend des notes sur toute information qui pourrait nous être utile plus tard durant notre présentation. On pose cette question afin un droit de passage pour la prochaine question.

Question #4 : « Qu'est-ce que vous avez aimé **le moins** de vos diètes précédentes. »

Nos prospects vont partager avec nous ce qu'ils n'ont pas aimé de leurs diètes précédentes. Nous pouvons alors ajuster notre offre en utilisant cette information. Par exemple, s'ils ont dit ne pas avoir aimé prendre des boissons protéinées, nous allons éviter d'inclure cet élément dans leur programme de diète.

Cette question nous permet d'éviter d'offenser nos prospects en leur présentant quelque chose qu'ils ne veulent pas.

Question #5 : « Quelle est votre principale motivation à perdre du poids ? »

La réponse à cette question nous indiquera leur degré de motivation et, nous permettra de contrecarrer leurs objections. Leur motivation émotionnelle mettra K.O. les objections de prix, de temps, etc. Voici des réponses courantes à cette question.

- « Je désire perdre du poids pour avoir fière allure sur les photos de mariage de ma fille. Elle se marie dans trois mois et ces photos seront sur le mur à tout jamais. »
- « Je souhaite perdre du poids pour briser le cœur de mes ‹ ex › petites amies à la réunion d'anciens élèves. »
- « Je veux perdre du poids parce que mon docteur m'a dit que j'allais mourir rapidement si je ne changeais rien. »
- « Je désire perdre du poids parce que mon conjoint renouvellera toute ma garde-robe quand j'y serai arrivé. »
- « Lorsque je joue au golf, mon estomac est si volumineux que j'arrive à peine à voir la balle. »

Une jolie petite formule.

Nous pouvons utiliser cette formule « cinq questions » comme un moule dans lequel fondre notre opportunité d'affaire, nos produits, et nos services.

Nous posons ces questions avant notre présentation.

Voyons ce que nous pouvons accomplir.

Question #1 : « S'il existait une façon pour toi de (insérer les bénéfices)… tu aimerais à tout le moins en entendre parler, n'est-ce pas ? »

Suffit d'offrir quelques bénéfices. Nos prospects seront titillés par au moins un d'entre eux.

Question #2 : « As-tu déjà (lui demander de fouiller dans ses expériences passées) auparavant ? »

Ce qui nous donnera un indice sur le processus de décision de nos prospects.

Question #3 : « Qu'as-tu aimé le plus à propos de… ? »

C'est une question simple à répondre pour nos prospects. Et en posant d'abord cette question, il sera plus facile de poser la question suivante.

Question #4 : « Qu'as-tu détesté le plus à propos de… ? »

C'est la question la plus importante. L'objectif de toute entreprise est de solutionner des problèmes. Nous devons trouver les problèmes de nos prospects. C'est donc la question idéale pour débusquer les problèmes.

Question #5 : « Quelle est la principale raison pour laquelle tu désires… ? »

Lorsqu'on connait le « pourquoi » de notre prospect, répondre aux objections devient facile. Si ce « pourquoi » leur tient vraiment à cœur, aucune objection ne leur bloquera la route. Tout ce qu'il nous reste à faire, c'est de leur rappeler leur « pourquoi » lorsqu'ils soulèvent une objection.

Voici un exemple.

Notre prospect dit : « La principale raison pour laquelle je désire démarrer mon entreprise ? Parce que je déteste me lever chaque jour au son du réveil matin. » On pourra alors répondre à toutes les objections de ce prospect : « Tu désires bien te débarrasser de ce réveil matin, n'est-ce pas ? »

Imaginez que ce même prospect soulève cette autre objection : « Oh, je ne sais pas si j'ai de l'espace dans mon agenda pour démarrer mon entreprise à temps partiel. » Notre réponse : « Mais tu désires bien te débarrasser de ce réveil matin, n'est-ce pas ? »

Les prospects ont des problèmes. Nous pouvons solutionner ces problèmes. C'est la raison pour laquelle les prospects vous nous adorer.

FAIRE RÉFLÉCHIR LES GENS.

La plupart des gens traversent leurs vies dans un état semi-comatique. Ils sont installés dans une routine, et sont bousculés par les événements de la vie sans prendre le temps de s'arrêter et réfléchir. La vie leur glisse littéralement entre les doigts.

Nous pouvons les aider. Nous pouvons rappeler à nos prospects qu'ils sont à demi-conscients… Et que nous pouvons offrir au moins une option supplémentaire à leurs vies. Cette option ? Le marketing relationnel, bien entendu.

Alors comment aider les prospects à s'éveiller et à s'intéresser à d'autres options ?

À travers une simple conversation… et quelques questions.

Lorsqu'on pose une question à nos prospects, ils doivent s'arrêter et réfléchir.

À quoi veut-on que nos prospects réfléchissent ? Ne serait-il pas formidable s'ils prenaient mentalement la décision suivante : « Hé ! Je désire trouver une opportunité qui me permettrait de me détacher de ma routine quotidienne. »

Voici quelques exemples de questions que nous pourrions poser lors de conversations avec nos prospects.

- « Je songe à m'échapper de la routine du 9 à 5. Et toi ? »

Aucune pression. On s'informe seulement si nos prospects y ont déjà songé. Si nos prospects sont d'accord avec nous, la suite de la conversation sera facile.

- « Combien te reste-t-il de jours avant la retraite ? »

Quand notre prospect se met à calculer, ça lui semble très lointain. Et si notre prospect déteste son emploi, ce sentiment s'en trouve amplifié. On peut même tourner le couteau dans la plaie en disant : « Et bien, il ne te reste plus que 4,879 jours avant de commencer à faire ce qui te plait vraiment. »

Certains sites récents vendent des horloges de compte à rebours. Nous pouvons acheter une de ces horloges et l'ajuster au nombre de jours que notre prospect devra encore passer au travail. Si notre prospect place cette horloge sur son bureau, à quoi va-t-il penser chaque jour qu'il doit sacrifier dans cet emploi ennuyant ?

- « Est-ce que ton patron est payé beaucoup plus que toi, tout en travaillant moins d'heures ? »

Quand les prospects sont mécontents, ils cherchent des solutions. Nous pouvons être leur solution.

- « J'aimerais bien pouvoir quitter mon emploi et éliminer l'application « réveil matin » sur mon téléphone. Tu as déjà eu ce sentiment ? »

Pas de pression. Pas de rejet. Une simple conversation. À quel point sera-t-il facile pour les prospects d'être en accord avec nous ? Ils adopteront notre affirmation comme si elle était la leur. Leurs emplois actuels n'offrent pas la possibilité de faire la grâce matinée… Nous le pouvons par contre. Si nos prospects prennent la décision de changer leurs vies pour pouvoir faire la grâce matinée, nous sommes la solution idéale pour leur permettre d'y arriver.

- « Je ne veux pas que la prochaine année soit comme celle qui se termine. Je veux que les choses changent. Et toi ? »

C'est une affirmation-question parfaite pour les réunions de famille. Plutôt que d'affronter un membre de la parenté sceptique qui croit qu'on va tenter de lui vendre notre salade, nous avons plutôt quelqu'un qui ouvre son esprit en quête d'une opportunité. Lorsque nos prospects prennent la décision d'accueillir de nouvelles opportunités dans leurs vies, la conversation devient plus fluide.

- « Je n'aime pas beaucoup ce travail. J'adore le chèque de paye par contre. Je songe à trouver une façon plus agréable de générer le même chèque. Tu y as déjà pensé ? »

Nous sommes parfois plongés si profondément dans la routine que plus rien n'existe autour. Les gens se « débranchent » et se résignent à penser : « J'ai besoin d'argent, alors je dois conserver cet emploi. »

Notre travail est de leur donner une dose d'électrochocs pour les sortir de leur état hypnotique et leur faire réaliser qu'il existe d'autres options.

- « Tu sais combien on déteste ce travail ? J'ai trouvé une porte de sortie. Je la prends. »

Quelle est la première réaction de notre confrère de travail ? « Attend ! Attend-moi ! Je désire m'évader avec toi ! »

- « Je vais occuper une toute nouvelle carrière l'an prochain. Je devrai prendre cinq pauses-cafés par jour pour discuter avec des gens intéressants. »

Que pense notre confrère de travail ? « J'adore les pauses-cafés. Ce sont mes moments favoris de la journée. Alors si je pouvais moi aussi changer de carrière pour discuter avec des gens intéressants devant une tasse de café, ce serait fantastique. Qu'est-ce que je dois faire pour changer de carrière moi aussi ? »

- « On sait tous que ce job ne nous rendra pas riches. Alors quel est ton plan pour sortir du système ? »

Notre prospect doit maintenant songer à sa situation actuelle. S'il n'a pas de plan, il pourrait nous répondre : « Je n'ai pas de plan. Tu as un plan ? »

Une excellente façon de faire en sorte que les prospects demandent une présentation, sans risquer le rejet.

- « Je me sens si contre-productif de devoir me rendre ici chaque matin, et retourner à la maison chaque soir. Quelle perte de temps. Mon prochain objectif est de travailler de la maison. Et toi ? »

Nous obtiendrons fort possiblement un signe d'approbation de notre confrère de travail avec cette phrase. Sinon, nous aurons planté une graine qui pourrait bien germer dans son esprit.

- « Ce que je déteste de cet emploi ? Le café bon marché et le travail qui consomme tout mon temps. Ce que j'aime de cet emploi ? Les bons amis. Tu penses qu'on pourrait faire autre chose ? Peut-être se lancer en affaire ensembles ? »

La réponse à cette question sera rapide : « oui » ou « non. » Pourquoi ? Parce que nous ne sommes pas en train de vendre une entreprise. On désire simplement prendre le pouls de notre collègue sur la possibilité de quitter ce boulot et se lancer en affaire avec nous.

Mais ne nous limitons pas à l'opportunité.

Voici quelques exemples de questions pour amener nos prospects à penser à nos produits et services.

- « Je suis fatigué de faire de l'exercice, de manger de drôles de choses, de me priver, et de constamment reprendre mon poids. J'ai décidé de perdre du poids pour de bon. Et toi ? »

Une réponse positive à cette question transforme la vente de produits amaigrissants en jeu d'enfant.

- « L'année dernière, nous avons passé nos vacances chez ma belle-mère avec ses 32 chats. Cette année, on va s'offrir de vraies vacances, à un prix qu'on peut se permettre. Et toi ? Tu aimerais t'offrir de vraies vacances aussi ? »

Notre prospect peut alors se mettre à imaginer des vacances plus exotiques. Si nous sommes dans les services de voyages, on pourra alors exaucer son souhait.

- « J'ai scruté ma facture de services le mois dernier. Tu sais, nos tarifs ne changeront pas à moins qu'on fasse quelque chose. J'ai fait un changement pour réduire ma facture. Et toi ? »

Que peut alors répondre notre prospect ? On entendra rarement ce type de réponse : « Oh, je suis une victime. Je ne peux rien y faire. »

On aura plutôt créé un prospect intéressé et désirant aussi réduire sa facture.

C'est la façon de démarrer qui compte.

Il y a un vieil adage qui dit : « On peut emmener le cheval à l'abreuvoir, mais on ne peut pas le forcer à boire. » Ça pourrait bien être vrai... mais on peut toujours ajouter un peu de sel dans sa nourriture. Tout comme on peut diriger la conversation vers l'insatisfaction de nos prospects. Ce sera alors plus facile d'insérer notre entreprise dans la discussion.

POSER DES QUESTIONS NÉGATIVES.

Tôt dans notre conversation, laissons les prospects se vendre à l'idée.

Nous pouvons le faire avec des questions telles que :

- « Pourquoi souhaites-tu t'investir dans une entreprise à temps partiel ? »
- « Pourquoi es-tu intéressé à investir plus d'argent dans ta santé ? »
- « Pourquoi acceptes-tu de te priver de manger pour perdre un peu de poids ? »
- « Pourquoi voudrais-tu changer ta routine de soins de peau ? »
- « Alors, crois-tu que ton plan actuel, occuper cet emploi, sera la réponse ? »

Ce type de questions semble travailler à l'inverse de notre objectif… Mais pour répondre à ces questions, nos prospects doivent prendre pour acquis qu'ils désirent ce qu'on a à leur offrir.

Que se passe-t-il ? Nos prospects se vendent à l'idée en répondant à la question. Exemple :

Nous : « Pourquoi souhaites tu t'investir dans une entreprise à temps partiel ? »

PRÉ-CONCLURE EN MARKETING RELATIONNEL

Prospect : « Bien, je ne gagne pas suffisamment d'argent dans mon emploi actuel. Je ne m'imagine pas transférer des papiers d'un coté à l'autre de mon bureau indéfiniment. Je désire du changement. J'ai pensé que je pourrais démarrer ma propre entreprise à temps partiel. Je ne veux pas risquer ce que j'ai, mais je désire essayer autre chose. »

Plus nous écoutons, plus nos prospects parleront, et plus nos prospects se vendront l'idée à eux-mêmes.

Fait à noter : les gens timides écoutent davantage. Ce qui procure aux timides un avantage lorsqu'ils discutent avec des prospects. Pourquoi ?

Lorsque les gens timides écoutent, deux choses se produisent.

1. Les prospects parlent de leurs problèmes. Et puisque la raison d'être de toute entreprise est de solutionner les problèmes des prospects, les gens timides sauront précisément de quoi parler.

2. Plus les prospects parlent de leurs problèmes, plus les prospects se persuadent qu'ils ont besoin d'une solution. Ce qui permet de boucler aisément la vente avant la présentation ou, si vous préférez, pré-conclure.

Écouter, et non parler, est la clé pour établir la connexion et pour vendre.

LES PROSPECTS VOUS RÉSISTENT OU VOUS REPOUSSENT ?

Certains prospects démontrent des signes de négativité, d'impatience ou de résistance à la vente. On note le scepticisme dans leurs visages ou encore, leurs bras croisés.

Voici une petite phrase qui peut changer la donne. Dites tout simplement : « Voici l'histoire courte. »

Cette phrase indique aux prospects que nous serons brefs, que nous irons droit au but et, que nous n'aurons pas le temps d'utiliser des stratégies de ventes désagréables. Les prospects se calment et nous pouvons présenter l'histoire courte qui résume notre offre à l'intérieur d'une vingtaine de secondes.

Voici quelques exemples.

« Alors voici l'histoire courte. Plutôt que d'ingérer des beignes, tu prends notre boisson en poudre pour déjeuner. Tu pourras alors gérer ton poids pour le reste de tes jours. »

« Alors voici l'histoire courte. La seule différence est que tu recevras une facture d'électricité plus petite chaque mois. »

« Alors voici l'histoire courte. Utilise notre crème de nuit chaque soir, et tu n'auras plus à entendre ta peau craquer et se rider durant ton sommeil. »

« Alors voici l'histoire courte. Commence à travailler avec moi à temps partiel et tu pourras recevoir un chèque supplémentaire chaque mois. »

Est-ce la seule façon de réduire résistance, impatience et négativité ?

Non. Nous devrions avoir plusieurs façons de désarmer la négativité de nos prospects. En voici une autre qui détend nos prospects et éteint l'alarme anti-vendeur.

« Qu'aimerais-tu savoir pour commencer ? »

Imaginons une situation extrêmement négative. Par exemple, nous sommes assis avec notre oncle, vendeur de voitures usagées chevronné, et adepte de cigares. Il tousse et dit : « OK, fiston. Vends-moi ta salade. »

Ouille. Son jugement et sa fermeture sont palpables. En tant que professionnels, on pourrait désarmer notre oncle en utilisant ces mots : « Alors, cher oncle. Qu'aimerais-tu savoir pour commencer ? »

L'oncle répond : « Hé, c'est toi le vendeur. Tu dois me parler. Les vendeurs ne laissent pas les autres s'exprimer. Mais… si j'ai le droit de parler, voici ce que j'aimerais savoir pour commencer. »

Et à ce moment, on a désactivé sa négativité et sa fermeture. Notre oncle nous dira exactement à quelle question il aimerait qu'on réponde d'abord. On n'a pas à deviner. On n'a pas à sortir notre guide de présentation et se sentir inconfortable. Tout ce qu'on doit faire, c'est s'appuyer sur le dossier de notre chaise et écouter.

Vous vous souvenez avoir été victime d'une de ces présentations interminables ? Combien le vendeur parlait, parlait et parlait encore ? Nous avions une question toute simple en tête. Nous n'écoutions pas le vendeur. Nous étions trop occupés à retenir notre question et à chercher une brèche dans son monologue pour la poser.

Les prospects apprécient au plus haut point qu'on leur demande ce qu'ils désirent avoir comme information. Les prospects détestent qu'on leur impose l'information que l'on juge importante pour eux.

Si on leur demande ce qu'ils désirent savoir dès le départ, on ne sera jamais plus dans l'embarras. Cette question toute simple met en place une discussion « à esprits ouverts. »

Alors lorsqu'on se sent nerveux, on peut s'appuyer sur cette question simple : « Qu'aimerais-tu savoir pour commencer ? »

Voici un autre avantage relié à cette question. On peut la poser au début de notre présentation, à la fin, ou même dans la conversation précédent notre présentation.

Aucun stress. Des prospects heureux. Dire les bons mots facilite de beaucoup le développement de notre entreprise de marketing relationnel.

« SI VOUS ÊTES COMME LA PLUPART DES GENS ... »

Tôt dans notre conversation, nous pouvons utiliser ces mots :
« Si tu es comme la plupart des gens… »

Pourquoi ces mots ? Parce que la plupart des gens souhaitent être comme « la plupart des gens. » Ils voudront donc être en accord avec ce que nous allons dire ensuite.

Vous voulez percevoir la douceur de ces mots dans une conversation ?

- « Si tu es comme la plupart des gens, tu adoreras être ton propre patron. »
- « Si vous êtes comme la plupart des gens, vous êtes beaucoup trop occupé pour perdre du poids en devant fréquenter un gym. »
- « Si tu es comme la plupart des gens, tu souhaites maintenir les rides à distance 15 autres années. »
- « Si vous êtes comme la plupart des gens, votre travail monopolise votre agenda. »

Ces mots nous font passer pour des clairvoyants. Les prospects vont hocher de la tête et être en accord avec nous. Ce qui aide à ouvrir leurs esprits afin d'y insérer le message important qu'on s'apprête à leur transmettre.

Lorsque les prospects sont de notre coté et en accord avec nous, la suite devient facile.

LA PHRASE DÉBUTANT PAR « SI » QUI CONVAINC NOS PROSPECTS.

Il y a une façon de parler aux prospects qui les aide à décider s'ils souhaitent solutionner leurs problèmes… ou pas.

S'ils désirent résoudre leurs problèmes, nous avons terminé. Ils ont pris la décision avant même que nous ayons démarré notre présentation. Voici quelques exemples :

« Si te rendre au travail, payer tes factures et épargner ce qu'il te reste te convient… parfait. Si ça n'est pas le cas, alors discutons. »

« Si travailler pour ton patron, faire la navette, et avoir droit à quelques semaines de vacances par année te convient… parfait. Si ça n'est pas le cas, on devrait discuter. »

« Si faire la diète, de l'exercice, et manger de drôles de choses te conviennent… parfait. Sinon, prend notre boisson déjeuné et adieu ton surplus de poids. »

« Si tu trouves acceptable d'être arnaqué et qu'on abuse de toi… pas de problème. Mais si tu en as assez, opte pour notre plan de services juridiques. »

« Si les petites rides et ridules qui se gravent dans ton visage te laissent indifférent… apprécie-les. Sinon, retarde leur apparition avec notre hydratant régénérateur de nuit. »

« Si passer le reste de ta vie à ce boulot te convient… c'est OK. Sinon, viens prendre un café. »

« Si rembourser tes prêts étudiants durant les 15 prochaines années te convient… pas de problème. Si tu souhaites une autre option, accompagne-moi à une soirée d'information ce soir. »

Messages simples. Quelques mots seulement. Et les prospects se qualifient ou s'éliminent par eux-mêmes sur le coup.

TROIS SUPERS QUESTIONS POUR PRÉ-CONCLURE AVEC NOS PROSPECTS.

Question #1 : « Est-ce que ça te va… ? »

Aidez vos prospects à réaliser ce qu'il en coûte de ne pas aller de l'avant. Ils préfèrent ne pas penser aux conséquences négatives. Ils résistent donc au changement et évitent de passer à l'action. Nos prospects continuent alors à souffrir et à endurer leurs problèmes.

Nous allons poser cette question tôt dans la conversation. Ce qui donnera à nos prospects amplement de temps pour prendre la bonne décision soit : « Oui, je dois régler ce problème maintenant. »

Nous pouvons subtilement rappeler à nos prospects que leur « inaction » peut les rendre malheureux en utilisant cette simple question : « Est-ce que ça te va… ? »

Voici quelques exemples :

- « Est-ce que ça te va de bosser comme un dingue durant 40 ans pour enrichir ton patron ? »
- « Est-ce que ça te va de te faire arracher cinq jours chaque semaine ? »

- « Est-ce que ça te convient de te lever chaque matin pour travailler fort pour quelqu'un d'autre ? »
- « Est-ce que ça te va de devoir recevoir des ordres de quelqu'un d'autre durant 40 ans ? »
- « Est-ce que tu es confortable avec le fait que ce soit quelqu'un d'autre qui détermine combien d'argent tu peux gagner ? »
- « Est-ce que ça te va de n'avoir que quelques semaines de vacances chaque année ? »
- « Est-ce que ça te plait de faire une croix sur ta liberté pour faire un travail que tu détestes ? »
- « Est-ce que ça te va de faire un travail pour lequel tu n'as aucune passion ? »
- « Est-ce que ça te convient de sacrifier tes rêves pour travailler sur ceux de ton patron ? »
- « Est-ce que ça te plait de devoir supplier quelqu'un pour obtenir une augmentation ? »
- « Est-ce que tu es à l'aise avec le peu de temps qu'on t'accorde pour voyager ? »
- « Est-ce que ça te va de continuer à vivre sur un seul chèque de paie ? »

Et si on parlait de nos produits et services ?

Voici quelques exemples :

- « Est-ce que ça te convient de te priver de manger pendant des semaines pour ensuite reprendre tout ton poids quand tu recommences à manger normalement ? »
- « Est-ce que ça te va de voir ta peau se rider un peu plus chaque jour ? »

- « Est-ce que ça te va de payer ton électricité plus cher que tous les voisins autour ? »
- « Est-ce que ça te convient de prendre toujours les mêmes vacances ennuyantes et, de devoir assumer toute la facture ? »
- « Est-ce que ça te convient d'utiliser des cosmétiques à rabais qui te donnent un look... bon marché ? »
- « Est-ce que ça te va de glisser des produits chimiques dans la bouche de tes enfants deux fois par jours pour le brossage de dents ? »

Question #2 : Que se passerait-il si... ? »

Les prospects doivent visualiser mentalement les bénéfices de notre offre. Nous pouvons insérer ces bénéfices dans leurs esprits. Et nous pouvons même amplifier ces bénéfices... alors pourquoi pas ? Suffit de laisser nos prospects créer leurs propres versions dans leurs esprits.

Nous pouvons les amener à se vendre l'idée à eux-mêmes et à percevoir les bénéfices de notre offre grâce à cette question très simple : « Que se passerait-il si... ? »

Voici quelques exemples :

- « Que se passerait-il si tu n'avais plus à te lever chaque matin pour te rendre au boulot ? »
- « Que se passerait-il si tu disposais de plus de temps avec ta famille ? »
- « Que se passerait-il si tu n'avais plus à passer des heures dans le trafic chaque semaine ? »
- « Que se passerait-il si tu recevais un second chèque de paie chaque mois ? »

- « Que se passerait-il si tu pouvais prendre ta retraite l'an prochain ? »
- « Que se passerait-il si ta famille et toi receviez un plus gros chèque de paie ? »
- « Que se passerait-il si vous pouviez prendre des vacances cinq étoiles avec les enfants ? »
- « Que se passerait-il si tu avais plus de temps à investir sur tes propres rêves ? »

Et si on parlait de nos produits et services ?

Voici quelques exemples :

- « Que se passerait-il si tu pouvais réellement perdre du poids et ne plus jamais le reprendre ? »
- « Que se passerait-il si tu te levais chaque matin en super forme, avant même que ton alarme ne sonne ? »
- « Que se passerait-il si tu pouvais prendre des vacances cinq étoiles pour le prix d'une simple chambre d'hôtel ? »
- « Que se passerait-il si tu pouvais envoyer une carte de souhait personnalisée pour la moitié du prix d'une carte générique de magasin ? »
- « Que se passerait-il si ton rouge à lèvres demeurait en place toute la journée et que tu n'avais pas à te soucier de faire des retouches ? »
- « Que se passerait-il si ta peau rajeunissait durant ton sommeil ? »
- « Que se passerait-il si tes factures de services étaient plus petites et qu'il te restait par conséquent plus d'argent en poche chaque mois ? »

Encore une fois, cette question devrait être utilisée au début de nos conversations afin de donner à nos prospects amplement de temps pour se vendre l'idée à eux-mêmes.

Question #3 : « Alors qu'est-ce qui est important _____ pour toi ? »

Les prospects ont leurs propres raisons de faire des choses, et leurs raisons diffèrent des nôtres. Regardons la vérité en face, les prospects pensent différemment de nous. Dans la plupart des cas, nous sommes propriétaires d'entreprises, et ils ont un job.

On ne sait pas comment et pourquoi ils pourraient s'intéresser à nos produits ou services. On doit trouver cette information afin de conclure plus facilement. Voici une question qui permet de débusquer la motivation des nos prospects : « Alors qu'est-ce qui est important _____ pour toi ? »

Il suffit de combler l'espace dans la formule. Voici quelques exemples :

- « Alors qu'est-ce qui est important dans le fait de développer une entreprise à temps partiel pour toi ? »
- « Alors qu'est-ce qui est important dans le fait de recevoir un chèque de paie supplémentaire pour toi ? »
- « Alors qu'est-ce qui compte pour toi dans le fait de pouvoir rester à la maison ? »
- « Alors qu'est-ce qui est important dans le fait d'avoir plus de temps libres pour toi ? »
- « Alors qu'est-ce qui est important dans le fait de perdre du poids pour toi ? »
- « Alors qu'est-ce qui compte dans le fait de pouvoir épargner de l'argent pour toi ? »

- « Alors qu'est-ce qui est important pour toi dans le fait de devenir ton propre patron ? »

La réponse à cette question nous permettra de discuter du sujet qui intéresse nos prospects.

Une autre façon de l'articuler est :

- « Alors pourquoi est-ce important pour toi de développer une entreprise à temps partiel ? »
- « Alors pourquoi est-ce important pour toi de recevoir un second chèque de paie ? »
- « Alors pourquoi est-ce important pour toi de travailler de la maison ? »

Ou nous pourrions poser la question de cette autre façon :

- « Alors quelle est la principale raison pour laquelle tu désires quitter ton emploi ? »
- « Alors quelle est la principale raison pour laquelle tu souhaites travailler de la maison ? »

Avons-nous oublié nos produits et services ?

Voici deux exemples rapides :

- « Alors quelle est la principale raison pour laquelle tu désires perdre du poids ? »
- « Alors quelle est la principale raison pour laquelle tu souhaites retrouver ton énergie habituelle ? »

Choisissez la formule qui vous semble la plus naturelle. Elle vous permettra de motiver vos prospects à aller de l'avant tout de suite.

ÉLIMINER LA PEUR DANS L'ESPRIT DE NOS PROSPECTS.

Lorsqu'on donne des présentations, quelles sont les peurs qui hantent nos prospects ?

« Je dois trouver la faille. Si je ne veux pas m'impliquer dans cette entreprise, j'aurai besoin d'une objection ou d'une excuse pour me débarrasser de toi. »

Nos prospects cherchent donc des raisons pour ne pas joindre. Ce qui signifie qu'ils ne sont pas à l'écoute de toutes les bonnes choses qu'on partage avec eux.

Afin de résoudre ce problème, nous pouvons aviser nos prospects qu'ils auront le droit de répondre que ça n'est pas pour eux. Et qu'ils n'auront besoin d'aucune justification pour refuser notre proposition. Nous devrions le faire avant de démarrer notre présentation.

Voici une façon de le faire :

« Laisse-moi te parler de mon entreprise. À la fin, tu pourras décider si ça te parle ou pas. Ce sera à toi de décider. »

Nous avons éliminé la pression qui planait sur nos prospects. Ils peuvent se détendre et écouter plus attentivement les détails de notre offre.

Quels sont les coûts ?

Est-ce que les prospects se soucient des coûts reliés à notre entreprise ? Bien entendu. S'ils se posent la question tout au long de notre présentation, nous n'avons pas toute leur attention.

Alors pourquoi ne pas aviser les prospects des coûts dès le départ ? C'est une excellente idée. Voici un exemple de ce que nous pourrions dire :

« Avant que je te montre en quoi consiste notre entreprise, laisse-moi te dire ce qui m'inquiète. Lorsque j'aurai terminé, tu vas adorer ce que tu as vu. Mais les frais de démarrage pourraient causer des soucis à ton budget. Dis-moi, est-ce que 499$ pourraient représenter un défi insurmontable pour ton budget familial ? »

Cette entrée en matière nous rend service de multiples façons :

1. Si nous attendons à la fin pour dévoiler les coûts à nos prospects, à quoi songent-ils durant toute la présentation ? « Combien ça va me coûter ? » Nous avons donc écarté ce problème. Nos prospects ont maintenant l'information.

2. Nous laissons entendre à nos prospects qu'ils vont adorer ce qu'on va leur montrer. On place ainsi nos prospects dans un état d'esprit positif. Ils auront tendance à rechercher alors des raisons pour adhérer plutôt que des raisons pour s'éclipser.

3. Si nos prospects ne peuvent pas se permettre d'investir 499$, mieux vaut le savoir avant de débuter notre

présentation. Si on attend à la toute fin pour avoir cette discussion, la pression sera trop grande et la situation, inconfortable. Et si nous savons dès le départ que les frais d'entrée seront problématiques, nous pourrons discuter de quelques options pour trouver les 499$ ou, nous pourrons au moins ajuster notre présentation.

4. Nos prospects sont détendus. Nous sommes perçus comme des gens honnêtes et francs en leur dévoilant dès le départ les frais de démarrage. Alors, tout le monde peut se détendre durant la présentation.

Quel est le meilleur moment pour éliminer les peurs de nos prospects ?

Dès le départ, bien entendu.

Trop de pression s'accumule sur nos prospects si nous attendons à la fin de notre présentation.

TOUT LE MONDE ADORE LES HISTOIRES.

Tout spécialement s'ils sont les vedettes de l'histoire. Les histoires courtes ont plus d'impact que les histoires longues. Les prospects disposent d'une capacité de concentration très courte. Mais nous pouvons pré-conclure avec nos prospects avant notre présentation en utilisant une histoire à laquelle ils peuvent s'identifier.

Voici un exemple d'histoire courte qui implique personnellement notre prospect.

Nous : « Si ton patron t'offrait une augmentation de 5,000$ par année pour apprendre de nouvelles compétences, tu aurais un intérêt ? »

Prospect : « Bien sur que oui. »

Nous : « Et si ton patron te proposait ensuite d'enseigner ces compétences à quelques uns de tes collègues de travail en échange d'une autre augmentation de 5,000$ par année ? »

Prospect : « Oui, sans aucun doute. »

Nous : « Et si ton patron t'offrait une autre augmentation de 5,000$ par année pour enseigner à tes collègues de travail à enseigner la même chose à d'autres collègues… ça pourrait t'intéresser aussi ? »

Prospect : « De mieux en mieux ! Ce serait fantastique ! »

Nous : « Et bien, ton patron ne te fera jamais cette offre, mais nous, oui. Si tu joins notre entreprise, c'est précisément ce que nous te demanderons de faire. Et si tu t'investis sérieusement dans notre entreprise, tu pourrais faire bien plus encore. »

Notre prospect est maintenant assis au bout de sa chaise et attend impatiemment les détails sur notre entreprise. Nous n'avons même pas débuté la présentation et notre prospect recherche des points pour justifier sa décision qui est déjà prise... « oui ! »

Quand on arrive à se mettre dans la peau de nos prospects et à voir le monde avec leurs yeux, il devient possible de leur faire voir les avantages de nos entreprises, nos produits ou nos services.

POURQUOI NE PAS DIRE CECI À LA PLACE ?

Un lait de soya populaire était disponible dans une pinte de carton grand format. Près de l'ouverture, les instructions disaient : « Bien agiter et acheter souvent. »

Pas très subliminal comme message… mais je parie que ces quelques mots soigneusement choisis ont généré des ventes répétées.

Est-ce qu'on porte attention aux messages qu'on transmet à nos prospects ? Exemple. Nous disons :

« Essaie une bouteille de nos vitamines et observe si tu te sens mieux. »

Mais si nous disions plutôt ceci :

« Il faut 90 jours pour reconstruire notre corps. Prends nos vitamines durant 90 jours et observe l'impact qu'elles auront sur toi. »

Hmmm. Nous suggérons ici un engagement de trois mois plutôt que 30 jours. Ce sont les petits changements dans notre vocabulaire qui peuvent faire de grandes différences dans nos entreprises.

Vous voulez un autre exemple ? Disons que nous offrons des rabais sur l'électricité. Nous pourrions dire :

« Remplissez ce court formulaire... et dépensez sagement l'argent que vous allez épargner. »

Lorsque nos prospects songent à dépenser sagement ce qu'ils vont économiser, ils prennent mentalement la décision d'accepter votre proposition.

Un autre exemple ?

Pour une opportunité d'affaire :

« Congédiez votre patron et faites la grâce matinée à volonté. »

Pendant qu'ils s'imaginent faire la grâce matinée, leurs esprits se conditionnent à joindre notre entreprise.

On peut amener nos prospects à focaliser sur les bénéfices de notre offre en utilisant des mots stratégiques.

D'AUTRES QUESTIONS QUI AIDENT LES PROSPECTS À PRENDRE DES DÉCISIONS - MAINTENANT !

Nous sommes assis devant un bon café avec notre prospect. La tension est palpable. Nous savons exactement ce qu'il pense :

- « Et si j'étais en train de commettre une erreur monumentale ? »
- « Est-ce que je suis en train de prendre la bonne ou la mauvaise décision ? »
- « Je devrais y réfléchir et il se produira peut-être quelque chose entretemps qui me permettra de m'éclipser et ne pas m'engager. »
- « Et si je me lance et que ça tourne au désastre ? »
- « Combien de temps puis-je retarder cette décision ? »

Tic-Tac. Tic-Tac. Silence. On souhaite que nos prospects disent quelque chose ou qu'ils prennent une décision, peu importe laquelle. On veut tous passer à autre chose.

Mais nos prospects hésitent toujours. Ils sont effrayés. Ils ne réalisent pas que le fait de « ne pas prendre de décision » est en fait la décision de maintenir les choses telles qu'elles le sont. En effet, la décision « Je vais y réfléchir » signifie en fait : « Non, pas maintenant. »

Nous le savons. Mais nos prospects, non. Ils ne réalisent pas qu'en retardant leurs prises de décisions envers notre proposition d'affaire, ils optent pour le statu quo dans leurs vies.

Ne rien changer à leurs vies est tout à fait acceptable. Mais, ils devraient prendre cette décision consciemment plutôt que la prendre par défaut.

On me pose souvent la question : « Mon prospect désire y réfléchir. Comment puis-je amener mon prospect à prendre une décision ? »

Ce que je réponds : « Ton prospect a déjà pris une décision. Ton prospect a pris la décision d'en rester là et de ne rien changer à sa vie. »

Les prospects prennent soit la décision d'aller de l'avant maintenant, ou ils prennent la décision de demeurer où ils en sont.

Alors voici quelques questions que nous pouvons poser à nos prospects. Ce sont des questions bénignes et inoffensives. Ces questions aident nos prospects à prendre une décision consciente sur ce qui est préférable pour eux.

Ce qu'il y a de plus chouette.

Nous n'avons pas à attendre la fin de notre présentation pour poser ces questions ; nous pouvons les poser avant notre présentation !

Elles permettent de minimiser l'objection « Je dois y penser. » Et encore mieux, elles arrivent à pré-conclure avec nos prospects avant de démarrer notre présentation.

Voici une première question que nous pourrions poser.

« Que se passera-t-il si tu ne joins pas notre entreprise ? »

Bien entendu nos prospects diront : « Rien. »

Nous allons maintenant laisser nos prospects mijoter davantage sur cette question. Ils se diront :

« Bien, si on poursuit notre chemin, nos vies ne changeront pas. Demain nous aurons les mêmes problèmes qu'aujourd'hui. Nous allons nous lever au son de nos alarmes, combattre le trafic pour se rendre au travail, être en retard à la maison pour souper à cause du trafic, attraper de quoi manger sur le pouce, regarder un peu de télévision et… se coucher. On déteste cette routine. Quelque chose doit changer ! »

Pas très stimulant comme scénario n'est-ce pas ? Eh bien, si les prospects choisissent de ne rien changer, et de rejeter notre opportunité… c'est OK. Ils sont en train de prendre une décision, et c'est tout ce que nous souhaitons.

Vous aimeriez d'autres questions comme celle-ci ? Voyons si l'une d'entre elles correspond à votre style ou votre situation.

- « Si tu ne démarres pas ta propre entreprise maintenant, tu te vois travailler pour quelqu'un d'autre pour le reste de tes jours ? »

Vous plongerez encore une fois vos prospects dans une profonde réflexion. Ils pourraient bien grimacer à l'idée de demander la permission pour prendre des congés, ou ne pas obtenir les dates qu'ils souhaitaient pour leurs vacances. Ils rêvent peut-être de pouvoir cueillir leurs enfants à la sortie de l'école. Qu'ils soient matinaux et plutôt de type oiseaux de nuit, leur cadran réveil est peut-être l'élément le plus irritant dans leurs vies.

- « Que se produira-t-il selon toi durant la prochaine année si tu ne prends pas la décision de faire des changements à court terme ? »

Ça pourrait bien enflammer leurs imaginations. Ils vivent probablement « Le jour de la marmotte. » Jour après jour la même routine. Aucun changement. Pour certaines personnes, la sécurité et le copier-coller du quotidien sont ennuyants et représentent un boulet à leurs chevilles. Ils cherchent désespérément du changement.

- « Crois-tu que ton agenda routinier, soit cinq jours de travail par semaine et trois semaines de vacances par année, changera un jour ? »

Nos prospects se disent : « Vu sous cet angle, on dirait une sentence à vie. La même chose jour après jour... et ensuite, la mort. » Cette question fera peut-être naître un désir de longues vacances estivales en famille.

- « Je sens que la possibilité que ta routine de vie soit bousculée t'angoisse. Pourquoi ne pas te détendre et décider de ne rien changer à ta vie actuelle ? »

Les gens aiment être en désaccord dans une conversation. Si tout le monde était sur la même longueur d'onde, les conversations seraient ennuyantes. La tendance naturelle de nos prospects est donc d'être en désaccord avec notre affirmation/question. Ils pourraient même tenter de nous convaincre qu'en réalité, ils souhaitent du changement. Lorsque les prospects « se vendent l'idée à eux-mêmes, » on peut difficilement demander mieux.

- « Tu n'as pas à prendre la décision de démarrer ta propre entreprise ce soir. Tu peux plutôt prendre la décision de ne pas démarrer ton entreprise, et de maintenir ton emploi actuel et ta routine à jamais. »

Encore une fois, plusieurs prospects souhaiteront nous contredire et voudront démarrer leurs entreprises le jour même. Nous leur avons tout simplement fait remarquer qu'il s'agit d'une simple décision « oui » ou « non. » Y réfléchir ne fait pas partie des options.

- « Tu sais, tu te dis probablement : ‹ Ma routine n'est pas si mal. Je vais peut-être continuer ainsi. › C'est aussi une bonne décision. Tu crois que c'est la meilleure décision pour toi ? »

À nouveau, beaucoup de prospects voudront être en désaccord et clameront haut et fort qu'ils ne désirent pas poursuivre leur routine actuelle. En leur accordant la permission de ne rien changer, on maintient la connexion. Les prospects nous adorent, et se disent peut-être : « Hé ! J'aimerais beaucoup travailler avec toi ! »

- « Est-ce que ça t'irait de ne plus jamais devoir aller travailler ? »

Wow. Nous avons redonné le droit de rêver à nos prospects. Ils se disent : « Je n'ai pas rêvé depuis l'école secondaire. Je me suis laissé entrainer par la nécessité de gagner ma vie. Mais où sont passés tous ces rêves que j'avais ? Si je ne devais plus aller travailler pour gagner ma vie, je pourrais retourner sur les bancs d'école et obtenir mon diplôme en musique. Ou encore, partir avec mon sac à dos autour du monde pour cinq mois ? »

La plupart des gens souhaitent faire des choses excitantes avant de mourir… mais ils ne peuvent pas. Pourquoi ? Parce qu'ils doivent aller travailler.

Nos prospects se disent : « J'aimerais tant que cette opportunité que tu me présentes me permette plus de temps pour moi afin que je puisse pourchasser mes rêves. »

- « Combien de jours encore pourras-tu supporter de faire la navette pour le travail ? »

Le meilleur moment pour poser cette question est tout de suite après que votre prospect se soit plaint du trafic ou du trajet à parcourir.

Les gens prennent des décisions pour ajouter des choses à leurs vies. Mais ils prennent aussi des décisions pour éliminer des choses de leurs vies. Certaines personnes détestent tellement faire la navette soir et matin qu'ils feront n'importe quoi pour éliminer cet irritant de leurs vies. Nous pourrions représenter cette solution pour eux.

- « La vie n'est pas éternelle. Qu'est-ce que tu aimerais vraiment faire ? »

Combien de gens dans votre entourage sont prisonniers de leurs circonstances ? Ils pensent qu'ils doivent conserver leurs emplois pour effectuer le paiement minimum sur chacune de leurs dettes. Ils abandonnent tout espoir et attendent la mort. Ils oublient tous ces rêves de voyages et de temps de qualité avec leurs familles.

Mais si quelqu'un leur offrait une opportunité de changer tout ça ? Cette personne, ça pourrait être nous.

- « De quelle autre façon arriveras-tu à générer 300$ de plus par mois pour rattraper toutes tes factures ? »

On force ici nos prospects à imaginer des solutions alternatives. Oh, mais attendez ! Ils n'ont pas d'autres solutions alternatives. Nos prospects réalisent maintenant que leur meilleure chance d'améliorer leurs vies pourrait bien être nous.

- « Quelle autre option as-tu de pouvoir perdre cinq livres en un mois ? »

Argh. À moins que nos prospects se racontent des histoires, ils n'ont aucun plan. Enfin, ils ont bien eu des plans auparavant, mais aucun d'eux n'a fonctionné. C'est la raison pour laquelle ils sont en guerre contre leur poids maintenant. Ils sentent qu'ils doivent trouver une autre solution.

- « De quelle autre façon crois-tu pouvoir empêcher ta peau de se rider davantage chaque soir ? »

Nos prospects ne sont pas dermatologues. Ils ne connaissent pas les dernières options ou percées scientifiques. Rien n'a vraiment fonctionné pour eux jusqu'ici et ils cherchent toujours des solutions. C'est la raison pour laquelle ils discutent avec nous. Ils devraient suivre nos recommandations.

- « Tu as une autre idée pour briser le moule des six jours de travail par semaine ? »

Les prospects sont pris au piège. Grosse hypothèque, paiements de voiture, mobilier, assurance, style de vie, restos, suivre la parade... et leurs chèques de paie ne peuvent pas supporter tout ça. Ils se sentent contraints à travailler davantage et à sacrifier le peu de temps qu'ils ont pour profiter de la vie.

Briser ce cercle vicieux est une tâche difficile, mais nous pouvons offrir un billet de sortie.

Toutes ces questions rappellent à nos prospects que la douleur occasionnée par leurs problèmes ne se dissipera pas en reportant à plus tard la décision.

Alors facilitons les choses pour nos prospects.

Rappelons-leur de prendre une décision consciente et immédiate sur leur futur.

Et souvenez-vous, cette technique est exempte de rejet.

Nous ne sommes pas attachés au résultat. Nous ne sommes pas responsables des décisions qu'ils prennent dans leurs vies.

Notre seule obligation est de donner à nos prospects des options.

Le reste leur appartient.

CE NE SONT PAS LES FAITS. PARFOIS, C'EST L'HISTOIRE AVANT LES FAITS.

Au début des années 70, je vendais des vitamines. Personne ne s'intéressait aux vitamines à cette époque. Organiques ? 100% naturelles ? Quelle importance ? Quand on ne veut pas de vitamines, on se fout de la qualité.

Les concepts de santé et de nutrition étaient trop récents. Personne ne croyait que la santé provenait d'un antibiotique.

Les gens ne se souciaient guère de leur santé et leur bien-être, mais ils étaient sensibles à l'obésité. Ils voulaient perdre du poids et avoir fière allure.

Mon idée alors ? « Eh bien, si personne ne s'intéresse aux vitamines, je pourrais peut-être positionner mes vitamines comme étant des outils de perte de poids. »

Mais il y avait autre chose. Parler de protéines, d'hydrates de carbone et de gras était lassant. Les faits sont ennuyants. C'est la raison pour laquelle on déteste les vendeurs qui nous inondent d'informations.

Ma solution ?

Démarrer mon propre club de perte poids. Pas un club officiel, mais quelque chose de plus informel. Pourquoi ? Parce que je n'avais pas de budget. Pas de bureau ou de gym. Je n'avais même pas de brochure.

Alors voici comment j'y suis arrivé.

À une de mes plus « grosses » clientes en vitamines j'ai dit : « Tu aimerais être hôtesse pour un club de diète gratuit chez toi ? » Elle répondit : « Oui. Je peux inviter quelques amies aussi ? C'est un club gratuit n'est-ce pas ? » Elle avait lu dans mes pensées.

Nous avons convenu du mardi matin suivant pour démarrer le club de diète. Afin de rendre le tout plus amusant, je l'ai avisé qu'il s'agirait plutôt d'un événement social.

Le premier meeting fut composé de six membres soit ma cliente de vitamines et hôtesse, et cinq de ses voisines. J'avais apporté une balance et chaque participante devait se peser afin d'établir un poids de départ. Elles étaient hésitantes à « passer sur la balance » jusqu'à ce que j'explique que c'est de cette façon que nous pourrions déterminer un gagnant ou une gagnante chaque semaine.

Le plaisir ne faisait que commencer. J'ai ensuite donné une petite formation de 30 secondes sur ce à quoi pourrait ressembler une séance d'exercices si jamais elles en croisaient une. Elles ont souri et sont restées bien assises à discuter, boire du café, et s'empiffrer de petits gâteaux.

Petits gâteaux ? Oui. Chaque semaine, les membres apportaient leurs desserts favoris. On aurait dit un petit buffet de desserts à chaque rencontre du club.

La semaine suivante, tout le monde repassait sur la balance. On souhaitait voir qui avait perdu le plus de poids durant la dernière semaine. La gagnante avait perdu près de 250 grammes et elle reçut le trophée tant convoité. C'était une compétition très amicale. Tout le monde voulait gagner, alors plusieurs trichaient. Portant par exemple des bottes très lourdes et un manteau très épais une semaine et, les vêtements les plus légers qu'ils pouvaient trouver la semaine suivante. Les participants avaient bien du plaisir à découvrir les stratégies créatives utilisées pour mériter le trophée.

C'était un « trophée volant. » Je n'avais qu'un trophée. Le gagnant de la semaine précédente devait rapporter le trophée pour le remettre au nouveau récipiendaire de la semaine.

Je vous ai parlé de vitamines ? Non.

Est-ce que j'ai distribué des dépliants sur les vitamines ? Non.

L'histoire se poursuit.

À chaque rencontre, je prenais une minute ou deux pour offrir quelques astuces coté alimentation ou encore, un exercice. Ensuite, on se précipitait vers le buffet de desserts. La plupart des participants restaient sur place un certain temps par la suite pour échanger. Ils avaient beaucoup de plaisir.

Les membres du club de perte de poids appréciaient la formule, le fait que j'anime un peu, que j'apporte une balance et fournisse le trophée volant. Ils me posaient des questions à propos de mes vitamines et en achetaient de temps à autres. Ils se disaient probablement que quelques vitamines pourraient contrer les effets néfastes du gâteau au fromage tiramisu et des beignes nappés de chocolat. Je livrais donc des vitamines chaque semaine à des membres du club.

Ont-ils perdu du poids ? Très peu. Et certains n'ont rien perdu. Et oui, certains ont même pris du poids. Mais ils ont affiché fièrement à leur conjoint et amis leur appartenance à un club de perte de poids. Je savais quant à moi qu'ils étaient plus en santé grâce aux vitamines qu'ils me commandaient.

Et moi ? J'ai gagné plusieurs livres à cause de ces clubs de perte de poids.

Je sais à quoi vous pensez. « Tu ne leur as pas dit combien tes vitamines étaient fantastiques. Tu ne leur as pas parlé des recherches, de la qualité, de la quantité de vitamine B2, et de la protection naturelle. Comment ont-ils pu prendre une décision alors qu'ils n'ont eu aucune présentation ? »

Eh bien, vous vous souvenez des premières pages de ce livre ?

Les gens ne prennent pas leurs décisions en se basant sur les faits. Et ils prennent leurs décisions avant même le début de la présentation.

Voilà qui est sensé.

C'est tout ce que j'ai dit AVANT qui a fait une différence. À la fin de chaque rencontre du club de perte de poids, les membres achetaient des vitamines, tout simplement.

Ce que je disais ? J'utilisais de petites phrases avec du punch, des mots idées, et des mots évocateurs qui arrivaient à créer une connexion rapide et persuader d'entrée de jeu les membres du club. Vous aimeriez connaître quelques uns des mots que je glissais dans mes conversations ? Notez si ces mots stimulent votre intérêt envers la santé et la diète dans votre esprit.

Je voulais créer confiance et connexion. Alors j'ai dit :

« Cette salade, c'est bon pour les lapins. C'est excellent pour eux, mais pas très satisfaisant pour les humains. »

Et les membres du club de penser : « Oh, wow. Il pense exactement comme nous. »

J'utilisais aussi des mots, expressions et phrases comme :

- « Bourrelets qui débordent. »
- « Pincer le petit gras. »
- « Fondre littéralement. »
- « Foutue cellulite. »
- « Poignées d'amour. »
- « Épaulard avec des jambes. »

Leur réaction ? « Oh mon dieu, c'est disgracieux. Je devrais faire la diète. »

Je leur ai ensuite redonné espoir avec des mots tels que :

- « Brûleur de calories. »
- « Tueur de gras. »
- « Ultime bouclier anti-gras. »
- « Perte de poids au goût de chocolat. »
- « Déjeunez avec un breuvage à saveur de chocolat. »

Je leur ai même donné une vision du succès à leur portée en disant :

- « Remettez à nouveau vos jeans moulés. »
- « Transformez votre corps en machine à brûler les gras. »

Lorsque j'ai voulu prendre de l'expansion et démarrer d'autres clubs de perte de poids, j'ai eu besoin de nouveaux distributeurs pour gérer ces clubs. J'ai donc ajouté ces mots dans mes conversations avec les membres : « Plus gros portefeuille, cuisses plus minces. » Ils ont capté l'idée que : « Hé ! Je pourrais gagner de l'argent et maigrir en le faisant. »

Efficace ?

Succès instantané. Les mots-images et phrases coup de poing ont incité les prospects à passer à l'action.

J'ai donné cet exemple lors d'un atelier pour démonter comment une petite phrase peut amener un prospect à passer à l'action…

Imaginez que je passe une agréable soirée avec une jolie dame. À la fin de notre souper romantique, nous commandons un dessert que nous allons partager. Le serveur apporte notre dessert : une montagne de crème glacée au chocolat. Vous devez savoir que la crème glacée est mon met favori toute catégories confondues. J'adore la crème glacée. Je crois aussi que le chocolat fait partie des quatre groupes d'alimentaires essentiels. Ma première pensée devant cette montagne de crème glacée ? « Le partage est une valeur que les gens surestiment. »

Mais puisqu'il s'agit d'un souper romantique, il faut partager. Je désire tout de même manger toute la crème glacée. Alors comment vendre l'idée à cette jolie dame qui partage mon repas de me laisser sa part ? Comment puis-je l'inciter à prendre la décision de me laisser manger 100% de cette montagne de crème glacée ?

Hmmm. Je n'ai certainement pas le temps de faire une présentation de vente. Je pourrais parler des bénéfices d'une bonne santé, du nombre de calories dans la crème glacée, comment les gras saturés causent le durcissement des artères, et tout ce sucre qui mène au diabète… mais la crème glacé aura fondue avant la fin de ma présentation.

Je dois agir rapidement. Je vais devoir utiliser une phrase coup de poing !

Alors que le serveur quitte notre table, nous admirons le magnifique mont de crème glacée au chocolat. Je lance alors à ma compagne : « Cette crème glacée aura plus fière allure sur tes hanches que sur les miennes. »

Vous devinez la suite… J'ai pu manger toute la crème glacée.

Dossier clos !

Vous pourriez vous dire : « Mais si tu utilises cette phrase coup de poing, tu n'auras jamais plus de rancart avec cette dame ! » Vous avez raison. Question de focus. Mon objectif était avant tout de m'approprier toute la crème glacée. Il faut avoir des priorités dans la vie.

Alors, pas de présentation ?

Pas de présentation. La magie s'est opérée au fil des conversations durant les clubs de perte de poids. Des petits mots et de courtes phrases pour pré-conclure avec les membres qui ont adopté l'idée de prendre des vitamines, améliorer leur santé, et tenter de perdre du poids.

Mais que peut-on faire avec d'autres produits ?

Amusons-nous en examinant d'autres exemples de phrases coup de poing, mots-images et autres formules qui permettent de pré-conclure avec nos prospects.

Soins de peau et cosmétiques.

Que pourrions-nous utiliser dès le début de nos conversations pour amener les prospects à désirer des produits de soin de peau et des cosmétiques sur le champ ?

- « Je ne voulais pas que l'apparence de mon visage ajoute 10 années à mon âge réel. » Ouille ! Ces mots génèrent une réponse émotionnelle immédiate. Même si on utilise ces mots en parlant de nous, nos prospects entament la même réflexion dans leurs têtes. Il devient alors plus facile de leur vendre une idée telle que la « prévention. »

- « Bien, tu sais comment le maquillage bon marché nous donne un look… bas de gamme ? » À quoi pensent nos prospects ? Dans leurs têtes, ils imaginent leur apparence au pire s'ils utilisent du maquillage bon marché. Investir alors dans des produits de maquillage de qualité devient alors tout à fait justifié.

- « Je ne veux pas ressembler à ma grand-mère, à une ride près de ressembler à une prune. » Naturellement, nos prospects ne souhaitent pas ça non plus. Ces mots, assaisonnés d'une touche d'humour, s'imprègnent dans leurs cerveaux. Ils prennent tout de suite la décision de prévenir les rides. Facile alors de vendre des crèmes hydratantes.

- « Personne ne souhaite quitter la maison en ayant l'air d'une graduée de l'académie des maquillages de clowns. » Nos prospects non plus. Ils désirent maintenant s'assurer que leur maquillage est bien agencé, et non pas le produit de cosmétiques achetés çà et là dans les étalages à aubaines.

Plus de phrases coup de poing, s'il-vous-plaît !

Parsemer notre conversation de phrases coup de poing incite les prospects à se dire : « Je veux ça. »

Et tout ça bien avant notre présentation.

Voici quelques exemples pour les soins de peau et cosmétiques.

- « Des cils fabuleux et naturels, sans avoir besoin des les coller. »
- « Tellement doux qu'on dirait des fesses de bébés. »
- « Le look d'un mannequin professionnel en seulement 7 minutes. »
- « Comment garder les rides à distance 20 ans de plus. »
- « Être le plus jeune en apparence à ta prochaine réunion d'anciens élèves. »
- « Un bronzage à l'année sans avoir à cuire au soleil. »
- « Réducteur de rides. »
- « Nous donne le look de la jeune sœur. »
- « Rajeunit notre peau chaque nuit durant notre sommeil. »

Puis-je utiliser les mêmes techniques pour des produits de santé ?

Bien entendu. Commençons par regarder de mauvaises approches (phrases). Elles devraient être faciles à reconnaître ; elles sont ennuyantes, et elles anéantissent nos chances de générer une vente.

- « Notre multi vitamine contient de la super oxyde dismutase qui permet d'écarter les molécules d'oxygène potentiellement dommageables dans nos cellules. » (Wow, excitant n'est-ce pas ?)
- « Notre chercheur a déjà mérité un prix et il est plus forts que ton chercheur. » (Tu me dis que j'ai été stupide d'acheter quelque chose d'autre ?)
- « Nos ingrédients ne sont pas seulement naturels, ils sont surnaturels. Nous sommes le ‹ O › majuscule dans le mot Organique. » (Trop de poudre aux yeux. Ça sent le vendeur à plein nez.)
- « Nos procédés de fabrication de grade pharmaceutique possèdent la certification ISO. » (Ah oui ?)
- « Notre boisson protéinée supérieure est composée d'acides aminés, sans gluten et sans sucre. En éliminant l'excès d'hydrates de carbones, on peut aider notre corps à mieux gérer le taux de sucre dans le sang. Ce qui permettra de maintenir un poids santé. » (La plupart des gens désirent seulement savoir si la boisson a bon goût.)
- « Nos formules sont uniques, brevetées, enregistrées et uniques. » (Je baille… !)

Vous l'aurez remarqué, ces phrases sont terribles. Les distributeurs qui utilisent encore ces phrases devront conserver leurs emplois à temps plein… pour toujours.

Assez de mauvaises phrases. Élevons le niveau de la conversation.

Distributeur : « J'aide les gens de plus de 50 ans à vivre plus longtemps. Tu aimerais en savoir plus ? »

Prospect : « Oh, oui. Donnes-moi plus de détails. »

Quelle décision a pris notre prospect ? C'est évident. Notre prospect pense : « Oui, je veux vivre plus longtemps. Tu peux m'aider. Je désire ce que tu as à offrir. »

Et oui, tout ça avant même le début de notre présentation.

***

Distributeur : « En fréquentant l'école, les enfants sont exposés à toutes les maladies et virus connus. Je montre aux mamans comment protéger leurs enfants en renfonçant leurs systèmes immunitaires. Vous aimeriez en savoir davantage ? »

Prospect : « Oui. Comment ça fonctionne ? »

***

Distributeur : « Vieillir… fait mal. J'aide les gens à changer ça. Ça te parle ? »

Prospect : « Oui. Dis-moi comment. »

***

Distributeur : « Il y a trop de stress de nous jours. Parfois, on fusionne avec le stress. J'ai quelque chose qui peut aider. Tu aimerais en savoir plus ? »

Prospect : « Oui. Donne-moi plus de détails… maintenant ! »

C'est durant notre conversation avant la présentation que la plupart des prospects prennent une décision finale. Ce ne sont pas les faits ennuyants ou les montagnes d'information qui permettent à nos prospects de décider.

Mais on veut mettre des coups de poings dans nos conversations aussi.

Voici quelques phrases coup de poing reliées aux produits de santé que nous pouvons utiliser en tout temps dans nos conversations avec les prospects. Bien entendu, le meilleur moment pour les utiliser sera tôt dans la conversation, lorsque nos prospects prennent une décision finale.

- « Énergie instantanée dans une capsule. »
- « Active ta centrale énergétique et te transforme en ‹ super maman. › »
- « Mourir tôt est dérangeant. » (Oui, les prospects sourient, mais acquiescent.)
- « Si on ne prend pas soin de nos corps, alors où va-t-on vivre ? »
- « L'énergie et la fougue de nos 16 ans, mais avec un meilleur jugement. »
- « On peut épargner beaucoup d'argent sur nos vitamines en mourant prématurément. » (OK, un peu cruel, mais très utile pour prévenir l'objection 'budget' qui pourrait se pointer plus tard.)
- « On veut avoir plus d'énergie que nos petits-enfants pour les entendre dire : ‹ Grand-papa ! Grand-papa ! Ralenti, on n'arrive pas à te suivre ! › »

- « Un des premiers symptômes d'un problème de cœur est la mort instantanée. » (Un peu dramatique, mais elle fait réfléchir les prospects. On aide nos prospects à faire le ménage dans leurs priorités.)
- « Se lever chaque matin et se sentir comme un jeune millionnaire. »
- « S'endormir moins de dix minutes après avoir déposé la tête sur l'oreiller. »

Et vous avez des phrases coup de poing pour mon opportunité d'affaire ?

Bon. On sait maintenant que des phrases coup de poing et des mots-images utilisés tôt dans notre conversation permettent de pré-conclure avec nos prospects.

Passons aux choses sérieuses. On veut se dresser une bibliothèque entière de ces formules pour pré-conclure.

- « Entreposer nos enfants à la garderie. » (Oui, ça fait grimacer les mamans. Elles se sentent parfois coupables. Ces mots réanimeront peut-être leur désir de rester à la maison avec les enfants, et l'absence de plan pour le concrétiser.)
- « Se lever aux premiers rayons du midi. » (De toute évidence pour les gens qui aiment se coucher aux petites heures du matin.)
- « Nos emplois monopolisent notre semaine. » (Le prospect prend un certain temps à le réaliser, mais cette phrase les hantera ensuite pour toujours.)
- « Doubler notre fond de pension en neuf mois seulement. » (Stimule considérablement les plus de 50 ans pour qui la retraite est un concept plus palpable.)

- « On ne souhaite pas travailler 45 ans comme nos parents. »
- « On surnomme notre business le ‹ silencieux à patrons. › »
- « Transforme nos esprits en capteurs de richesses. »
- « On surnomme nos chèques à temps partiels les 'démolisseurs d'hypothèques.' »
- « Notre chance de passer de zéro à héro ! »
- « Sortir de la course folle du quotidien. »
- « Prendre des fins de semaines de cinq jours plutôt que deux. »
- « Si on s'entoure de quatre personnes fauchées, on s'assure de devenir la cinquième. »
- « La récompense pour avoir investi 200,000$ dans un diplôme universitaire ? 45 ans de dur labeur. »
- « Notre patron suceur de rêve, qui arrache de petites parties de notre cerveau chaque jour, nous transformant ainsi en véritables zombies. »

Ces formules courtes et phrases coup de poing insérées tôt dans notre conversation sont les ingrédients qu'utilisent nos prospects pour prendre leurs décisions.

L'OBJECTION SECRÈTE.

Les objections sont plus simples à gérer lorsqu'on les soulève avant de débuter notre présentation. Voici une objection commune que nos prospects verbalisent rarement.

Oui, ils songent à cette objection, mais ils ne nous en parlent presque jamais. Alors pourquoi ne pas répondre à cette objection pour les soulager tôt dans la conversation ? Ils pourront ensuite se détendre durant notre présentation.

Quelle est cette objection secrète ?

« Mais… si j'échoue ? »

Les prospects craignent de se lancer dans une carrière en marketing de réseau.

Il y a déjà tout un tas d'incertitudes dans la vie de nos prospects. Ils ont un emploi en ce moment. Est-ce que cet emploi est assuré pour la vie ? Bien sur que non. Cette insécurité génère un stress élevé chez nos prospects.

100% de leurs revenus dépend de leur emploi actuel. Les prospects ne sont pas stupides. Ils regardent les nouvelles et suivent l'actualité. Fusions, rationalisations, congédiement d'employés expérimentés avec des salaires plus élevés au profit d'autres employés avec moins d'expérience pour réduire la masse salariale… Tous ces facteurs donnent la frousse à nos prospects.

Afin d'établir une meilleure connexion, on convient avec nos prospects que ces risques sont biens réels. Notre entreprise de marketing relationnel prend alors des allures de filet de sureté plutôt que de pari risqué. Avoir un revenu supplémentaire devient alors une excellente idée.

Une autre façon de présenter les deux options pourrait être celle-ci : « Si on perd notre emploi, on pourrait être incapable d'en trouver une autre. Mais en affaire, si notre business ne fonctionne pas, on peut toujours démarrer un autre business. Avoir notre propre entreprise nous offre plus d'options. »

Connaître quelques échecs au départ est normal. Il faut du temps pour apprendre à développer une entreprise. Manquer d'assurance envers nos chances de succès est parfaitement normal aussi. La meilleure façon de porter ce message est de leur raconter une courte histoire. Voici un exemple que nous pouvons adapter à nos prospects.

« Imagine qu'on désire apprendre à faire de la bicyclette. On a le désir, mais pas les compétences. Est-ce qu'on sait exactement comment conduire une bicyclette avant de débuter ? Certainement pas. On commence pour acquérir la compétence. Au fil du temps, on apprend. Il y a des échecs temporaires sur le parcours, mais on apprend tout de même à devenir des conducteurs de bicyclette compétents. »

Ensuite, rappelons à nos prospects que la compagnie ne s'attend pas à ce qu'ils sachent développer leurs entreprises avant de commencer. Bien entendu, tout semble difficile au départ, parce que nous n'avons encore aucune connaissance. On doit aider nos prospects à se sentir appuyés en les avisant que la compagnie offre des formations, et qu'ils ont aussi un recruteur pour les aider – nous. Et en tant que recruteurs, nous pouvons les accompagner pas à pas jusqu'à ce qu'ils aient acquis les compétences nécessaires. C'est la façon de donner de l'assurance à nos prospects. Pourquoi ? Parce que nous savons comment développer l'entreprise.

En résumé, essayons de détendre nos prospects. Disons-leur que l'incertitude est un sentiment normal. Ils n'ont rien appris encore. Des échecs durant le parcours ? Pas de soucis. C'est de cette façon que les enfants apprennent à marcher. Et finalement, avec les formations de la compagnie, et notre aide, ils peuvent se sentir rassurés et s'attendre dans peu de temps à pouvoir ériger eux aussi une entreprise à succès.

Si on transmet ce message à nos prospects, ils seront emballés par les possibilités que leur offre notre entreprise, avant même que nous débutions notre présentation.

Une autre façon d'aider nos prospects à surmonter leur peur d'échouer ?

On aide nos prospects à focaliser sur ces deux points :

1. D'autres personnes ont connu du succès.

2. Ces personnes n'avaient pas les compétences en démarrant, mais ils ont appris.

À quoi pense notre prospect ? Eh bien, si d'autres personnes ont réussi, c'est certainement possible. Ces personnes avaient probablement les mêmes peurs que moi. Elles ne savaient pas comment développer cette entreprise non plus.

On peut communiquer tout ça avec cette simple phrase :

« Je sais que tu peux avoir beaucoup de succès dans cette entreprise. La seule chose que je ne sais pas, c'est à quelle vitesse tu l'atteindras. »

On explique ensuite que tous ceux qui démarrent se sentent incertains et incompétents. Personne ne s'attend à ce qu'on maîtrise les compétences d'une nouvelle carrière avant de débuter. On acquiert les compétences au fil du temps. On rappelle à notre prospect : « S'il-te-plaît, n'évalue pas ton succès potentiel futur sur tes connaissances actuelles. Tu te sentiras mieux lorsque tu en sauras davantage, après quelques formations. »

Lorsque les prospects demandent : « Alors combien de temps me faudra-t-il pour connaître du succès ? »

Nous pouvons répondre : « Tout dépend de la vitesse à laquelle on acquiert les nouvelles compétences et à quel rythme on rencontre de nouveaux prospects. »

D'AUTRES MOTS MAGIQUES POUR DÉSARMER LES PROSPECTS NÉGATIFS.

Parfois, nous avons besoin des bons mots pour sortir d'une situation inconfortable.

Imaginons le pire des scénarios. Nous sommes assis devant notre voisin prétentieux qui connaît tout, et on souhaite lui glisser un mot de notre entreprise.

Notre voisin s'appuie alors sur le dossier de chaise et dit : « Ok ! Vend moi ta salade. » Ouille. Très mauvais départ devant un voisin sceptique, négatif et sans sourire.

Par quoi commencer ? Est-ce qu'on utilise la vidéo de 20 minutes qui présente la compagnie ? Ou alors par notre présentation PowerPoint ? Peu importe car, dans les deux cas, nous ouvrons la porte au sarcasme et aux critiques de notre voisin prétentieux.

Nous avons besoin d'une formule de mots pour neutraliser son attitude négative et désagréable. Puisqu'il s'attend à un exposé de vente, son niveau de résistance à la vente est au top. Sans formule magique, nous sommes cuits.

Pas de problème pour nous.

On sait comment pré-conclure. On peut désactiver l'alarme anti-vendeur et le scepticisme de presque n'importe qui avec la phrase qui suit :

« Avant de te montrer comment ça fonctionne, laisse-moi te raconter ce qui m'est arrivé. »

Lorsqu'on lance cette phrase, que se passe-t-il dans la tête de notre voisin ?

Cette formule lui indique que l'exposé de vente ne débutera pas tout de suite. Du coup, notre voisin débranche son alarme anti-vendeur, son scepticisme, son filtre trop-beau-pour-être-vrai et autres programmes négatifs.

Devinez à quoi pense notre voisin lorsqu'on dit : « Laisse-moi te raconter ce qui m'est arrivé. »

Dans son esprit, une petite voix lui dit : « Histoire ? Tu vas me raconter une histoire ? J'adore les histoires. S'il-te-plait, raconte-moi cette histoire. »

Tout le monde adore les histoires. Nous avons un programme emmagasiné dans notre inconscient qui ordonne d'écouter les histoires.

Imaginez la situation suivante.

Nous sommes au boulot. On passe tout près de trois collègues de travail. Un de ceux-ci est en train de raconter une histoire. Que commande notre subconscient ? Arrête-toi et écoute l'histoire. Ce petit programme dans notre cerveau se résume à ceci :

« Si quelqu'un, quelque part, à n'importe-quel moment, raconte une histoire, on doit s'arrêter et écouter l'histoire jusqu'à la fin. On ne peut pas poursuivre notre vie avant de connaître la fin de l'histoire. »

Notre voisin négatif se concentre maintenant sur notre histoire, et non sur le plaisir de rendre notre vie misérable.

Les histoires sont irrésistibles pour l'esprit humain. C'est pourquoi on aime les films d'Hollywood, les livres, les potins.

Les jeunes enfants, dès qu'ils sont capables de construire des phrases, disent : « Maman, Papa, s'il-te-plait, raconte-moi une histoire. »

Notre voisin négatif est sans défense. Son esprit est focalisé sur l'histoire. Il oublie complètement ses sentiments négatifs envers nous et notre présentation de vente.

Qu'est-ce qu'on peut mettre dans notre histoire ?

1. On peut raconter comment nous étions sceptiques, mais que le temps a finalement validé que c'était une super opportunité.

2. On peut raconter comment un des produits a changé les choses pour nous.

3. On peut raconter comment était notre vie avant cette entreprise et ce qu'elle est maintenant.

4. On peut raconter l'histoire de succès d'un membre de notre équipe ou dans l'entreprise.

Que se passe-t-il dans la tête de notre voisin pendant qu'on raconte l'histoire ? Ses pensées sont aspirées par notre histoire. Il s'imagine faisant partie de l'histoire. Notre histoire pourrait être suffisante pour obtenir un « oui » de notre voisin sur le champ.

Vous voulez un exemple ?

Notre voisin dit : « OK. Dis-moi de quoi il s'agit. »

On répond : « Avant que je te montre comment ça fonctionne, laisse-moi te raconter ce qui m'est arrivé. »

Notre voisin répète : « Ce qui t'est arrivé ? »

On répond : « Bien, tu connais Jean ? Il n'a jamais épargné pour sa retraite. Je ne voulais pas être comme lui. Lorsque je suis tombé sur cette entreprise à temps partiel, j'étais très excité. Cette entreprise pourrait me permettre de gagner un revenu à temps partiel important pour le reste de ma vie. Je n'aurai pas besoin de me soucier du fond de pension offert par la compagnie ou celui du gouvernement. Tout ce que je dois faire, c'est de démarrer cette entreprise correctement. Je pourrai ensuite recevoir de l'argent chaque mois pour le reste de mes jours. C'est la raison pour laquelle je suis si excité de partager tout ça avec toi. Bref, laisse-moi te montrer comment fonctionne cette entreprise. »

Nous avons franchi le mur et déposé nos principaux bénéfices derrière les programmes négatifs de notre voisin, directement dans son cerveau. C'était si facile.

Encore mieux, on a désactivé tous ses mécanismes de défense.

Et tout ça avant même de débuter notre présentation.

AMENER NOS PROSPECTS À SE CONCENTRER SUR LA RÉSOLUTION DE LEURS PROBLÈMES.

La raison d'être d'une entreprise est de résoudre les problèmes des gens.

Mais si les prospects ne pensent pas à leurs problèmes ? On doit alors les amener à se recentrer. Quand leurs problèmes sont en avant-plan dans leur tête, ils ont le désir de les régler.

Comment les amener à refocaliser sur leurs problèmes ?

Facile. Suffit de débuter avec ces mots : « Pense à ta situation actuelle… »

Par exemple :

« Pense à ta situation actuelle. Chaque mois tu reçois disons quatre chèques de paie. Après avoir payé l'hypothèque, la voiture, les cartes de crédit, les taxes, l'assurance, la nourriture et autres dépenses… combien il te reste pour avoir donné un mois de ta vie à l'emploi de quelqu'un d'autre ? »

À quoi pensent nos prospects maintenant ? Eh oui, à régler leur problème. Ils sont maintenant ouverts à une solution. On n'a pas à leur vendre cette solution avec des faits, des vidéos et des statistiques. Tout ce qu'ils désirent, c'est régler leurs problèmes... et nous sommes devant eux, avec la solution.

D'autres avenues que nous pourrions explorer...

- « Pense à ta situation actuelle. Chaque matin ton cadran te réveille... »
- « Pense à ta situation actuelle. Chaque fois que tu reçois ta facture d'électricité... »
- « Pense à ta situation actuelle. Chaque matin quand tu grimpes sur la balance... »
- « Pense à ta situation actuelle. Chaque fois que ça coince dans la circulation... »

Terminez ensuite l'histoire. Nos prospects devront assister à ce film dramatique qui défile dans leurs têtes.

Quand les prospects désirent solutionner leurs problèmes, ils recherchent désespérément des solutions, avant même qu'on débute notre présentation.

LA PLUPART DES GENS ADORENT COMMENT CES MOTS ARRIVENT À PRÉ-CLORE NOS PROSPECTS.

Dans le livre : « *Comment établir instantanément Confiance, Crédibilité, Influence et Connexion ! 13 façons d'ouvrir les esprits en s'adressant directement au subconscient,* » il y a plusieurs phrases importantes dont celle-ci : « la plupart des gens. » Cette phrase est très efficace pour nous aider à pré-conclure.

Lorsqu'on dit « la plupart des gens, » que se passe-t-il dans les têtes de nos prospects ? Leurs programmes automatisés s'activent. C'est un programme qui leur dicte qu'ils souhaitent faire partie de « la plupart des gens. »

Pourquoi ? Question de survie. Les premiers humains sur terre ont vite appris qu'en étant seuls, leurs chances de survie était minimes. C'est la raison pour laquelle nous sommes plus attirés par les restaurants bondés que par les restaurants vides. Si on découvre un nouveau petit fruit, on préfère que quelqu'un d'autre en fasse l'essai avant nous. On ne veut pas marcher seuls dans une allée sombre tard la nuit. On préfère suivre le groupe.

Survie ? Pour nous, ça signifie demeurer avec le groupe, être en sécurité, laisser les autres ouvrir la marche, et éviter les risques.

Lorsqu'on rencontre des prospects, les programmes dans leurs esprits disent aussi : « Survie ! Évite les risques. Reste à l'abri. Ne t'éloigne pas du groupe. »

En utilisant les mots « la plupart des gens, » leurs cerveaux se laissent guider par le script suivant :

« La plupart des gens. Est-ce que j'en fais partie ? Ou si je fais partie de la minorité ? Peu de gens font partie de la minorité, alors je dois faire partie de la majorité. Alors si je fais partie de la plupart des gens, je pense comme la plupart des gens. Je fais les choses comme la plupart des gens. Je fais donc partie de la plupart des gens ! »

Observez avec quelle rapidité se dessine la décision entre vos deux oreilles en entendant des phrases comme :

- « La plupart des gens préfèrent ce modèle en rouge plutôt qu'en bleu. »
- « La plupart des gens qui achètent cet hydratant achètent aussi le nettoyant. »
- « La plupart des gens se sentent plus en sécurité avec un deuxième chèque tous les mois. »
- « La plupart des gens désirent gagner plus d'argent. »
- « La plupart des gens sont fatigués de perdre du temps à faire la navette matin et soir. »

On peut ressentir le « oui » instantané qui se matérialise dans nos esprits en entendant ce type de phrases. Alors en démarrant nos conversations avec nos prospects, nous pouvons insérer la formule « la plupart des gens » pour nous permettre de pré-conclure avec nos prospects.

Un exemple ?

« La plupart des gens à qui je présente cette opportunité deviennent frénétiques et désirent s'y joindre sur le champ. »

Facile n'est-ce pas ? À quoi pensent nos prospects ? Ils se disent : « Je fais partie de la plupart des gens. Je suis certain que je serai emballé par cette opportunité et que je voudrai m'y joindre aussi. » Cette phrase est passée sous le radar, bien avant la présentation. Elle permet d'ouvrir les esprits de nos prospects et de les amener à rechercher des raisons de dire oui à notre proposition, plutôt que des objections pour la rejeter.

Pré-conclure ? Simple lorsqu'on utilise les bons mots. Dans certains cas, pré-conclure entrouvre l'esprit de nos prospects. Dans d'autres cas, pré-conclure aide nos prospects à prendre une décision finale avant même de débuter notre présentation.

PRÉ-CONCLURE FONCTIONNE.

De toutes les techniques pour pré-conclure décortiquées dans ce livre, en avez-vous trouvé au moins une qui fonctionnera pour vous ? On n'a pas à utiliser toutes les techniques, mais on doit en utiliser au moins une.

Plus on maîtrise de techniques, plus on aura d'options en discutant avec nos prospects.

Alors plutôt que de tenter d'utiliser des techniques de vente à pression, de ressentir la peur du rejet, et/ou de supplier nos prospects de prendre une décision, nous allons utiliser ces techniques pour pré-conclure et obtenir des décisions immédiates, et la plupart du temps en notre faveur.

Souvenez-vous, toutes les techniques décrites dans ce livre fonctionnent mieux lorsqu'on les utilise.

Choisissez une technique maintenant. Appréciez ensuite les résultats.

MERCI.

Merci d'avoir acheté et lu ce livre. J'espère que vous y avez trouvé des idées qui fonctionneront pour vous.

Avant que vous ne quittiez, pourrais-je vous demander une petite faveur ? Vous pourriez prendre une minute et laisser un commentaire d'une phrase ou deux à propos de ce livre en ligne ? Votre évaluation pourrait aider d'autres personnes à choisir leur prochaine lecture. Ce sera grandement apprécié par bon nombre de vos amis lecteurs.

Ce livre est dédié aux gens de marketing de réseau de partout.

Je voyage de par le monde plus de 240 jours chaque année.
Laissez-moi savoir si vous souhaitez que tienne une formation
(Big Al Training) dans votre secteur.

→ **BigAlSeminars.com** ←

D'AUTRES LIVRES DE BIG AL BOOKS
La liste complète à :
BigAlBooks.com/French

Comment Développer des Leaders en Marketing Relationnel Volume Un
Créez Étape par Étape des Professionnels en Marketing de Réseau

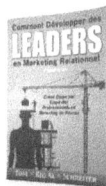

L'histoire Deux-Minutes pour le Marketing de Réseau
Comment Créer une Vision D'ensemble qui Restera Gravée !

Guide de Démarrage Rapide en Marketing Relationnel
Démarrez RAPIDEMENT, SANS Rejet !

La Présentation Minute
Décrivez votre entreprise de marketing de réseau comme un Pro

Tout Sur les Suivis Auprès de Vos Prospects en Marketing de Réseau
De « Pas maintenant ! » À « Immédiatement ! »

Comment Développer Votre Entreprise de Marketing de Réseau en 15 Minutes Par Jour

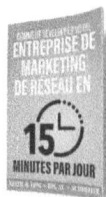

Les Quatre Couleurs de Personnalités
Et Leur Langage Secret Adapté Au Marketing de Réseau

Les BRISE-GLACES !
Comment amener n'importe quel prospect à vous supplier de lui faire une présentation !

Comment établir instantanément Confiance, Crédibilité Influence et Connexion !
13 façons d'ouvrir les esprits en s'adressant directement au subconscient

PREMIÈRES PHRASES pour Marketing de réseau
Comment mettre les prospects dans votre poche rapidement !

À PROPOS DE L'AUTEURS

Keith Schreiter cumule plus de 20 années d'expérience en marketing relationnel et à paliers multiples. Il enseigne aux réseauteurs comment utiliser des systèmes simples pour ériger une entreprise stable et en perpétuelle croissance.

Alors, vous avez besoin de plus de prospects ? Souhaitez-vous que vos prospects s'impliquent plutôt que de tourner en rond ? Vous aimeriez savoir comment engager votre équipe et la maintenir en mouvement ? Si ce sont les types de compétences que vous aimeriez maîtriser, vous adorerez son style « ABC - guide pratique. »

Keith donne des formations et conférences aux États-Unis, au Canada et en Europe.

Tom « Big Al » Schreiter possède plus de 40 ans d'expérience en marketing de réseau et marketing à paliers multiples. En tant qu'auteur des livres classiques de formation « Big Al » publiés à la fin des années '70, il a depuis offert des conférences et ateliers dans plus de 80 pays sur comment utiliser des mots et des phrases précises pour entrer dans la tête des prospects, ouvrir leur esprit et leur faire dire « OUI. »

Sa passion réside dans les idées marketing, les campagnes promotionnelles et les techniques pour s'adresser au subconscient de façon simple et efficace. Il est toujours à l'affut des phénomènes et campagnes marketing innovatrices qui fournissent bien souvent de nouvelles clés.

En tant qu'auteur de nombreuses formations audio, Tom est un orateur très prisé dans les conventions annuelles et les événements régionaux.

www.ingramcontent.com/pod-product-compliance
Lightning Source LLC
Chambersburg PA
CBHW071652210326
41597CB00017B/2190